왜 장보고를
바다의 왕자라고
부를까?

교과서 속 역사 이야기, 법정에 서다

12
역사공화국
한국사법정

장보고 vs 문성왕

왜 장보고를 바다의 왕자라고 부를까?

글 윤명철 | 그림 박상철

|주|자음과모음

사람들이 역사에 관심을 기울이는 이유는 한두 가지가 아니다. 그 가운데서도 가장 큰 이유는 역사를 통해 미래를 내다보고 대비할 수 있는 마음가짐과 능력을 배울 수 있기 때문이다. 사람들에게 소중한 일은 과거도 아니고 현재도 아니고, 시시각각으로 다가오는 미래다. 그래서 역사학은 미래학이기도 하다.

역사가 우리에게 주는 교훈이 소중한 만큼 역사에서 큰 획을 그은 인물에 관심을 기울이게 되는 것은 당연하다. 그래서 역사 속 주인공들의 기쁘고 아름답고 때로는 슬프기까지 한, 열정적이고 격동적인 삶을 되돌아보면서 오늘의 우리를 이해하고, 내일 우리가 해야 할 일을 헤아려 볼 필요가 있다.

역사에서 깊은 흔적을 남긴 인물치고 순탄한 삶을 살고 평범한 죽음을 맞이한 경우는 별로 없다. 또한 그 시대는 물론이고 먼 훗날에 조차 긍정적인 평가와 부정적인 평가를 동시에 받지 않은 인물도 드물다. 그중에서도 장보고의 경우는 삶과 죽음이 모두 극적일 뿐만 아니라 그에 대한 평가도 극단을 오간다.

미완의 혁명가일 수 있는 그로서는 가해자인 그 시대 승자들의 평가도 그렇지만 『삼국사기』라는 역사적 평가마저 자신을 반역자로

모는 것이 매우 안타까웠을 것이다. 인류의 보편적인 가치 기준으로 보면 그의 인간주의와 평등사상은 혁명적인 것이 아니었을까? 그의 개방적일 뿐만 아니라 국제적인 세계관은 반세기가 넘는 냉전이 끝나고 인류의 공존과 평화가 절실하게 필요한 상황에서 인류가 갖추어야 할 덕목이다. 뿐만 아니라 그가 구축한 청해진 체제와 범신라인 공동체, 국제 무역은 세계 질서와 동아시아의 국제 관계가 폭풍처럼 변하는 상황에서 안정을 되찾아야 할 대한민국에 의미 있는 발전 모델이다. 뿐만 아니라 그가 실패한 과정에서도 교훈을 얻을 수 있다. 이러한 의미에서 정확하고 구체적인 지식을 동원하고 이 시대의 생생한 인식을 반영하여 장보고를 새롭게 평가하는 작업은 꼭 필요한 일이다.

실패한 혁명가인 장보고의 역사적인 환생을 그려 본다.

윤명철

통일 신라는 8세기 후반부터 귀족들의 권력 다툼에 휘말리게 된다. 왕과 귀족 사이, 귀족과 귀족 사이에 싸움이 자주 일어났지만 국가는 이를 통제할 수 없었다. 지방에서도 반란이 이어졌다. 9세기 전반에는 웅주(지금의 공주) 도독 김헌창이 반란을 일으켰고, 청해진을 지키던 장보고도 중앙 정부에 반기를 들었다.

중학교	역사	Ⅲ. 통일 신라와 발해 2. 신라의 동요와 후삼국의 성립 (3) 신라 사회가 흔들리다

'바다의 왕자'로 불리던 장보고는 완도에 청해진을 설치하고 해외 무역을 펼쳐 이름을 크게 떨친다. 무역을 통해 부와 명성을 얻었지만 왕권 다툼에 간여하여 신무왕이 왕위에 오르도록 영향력을 행사하기도 하였다.

통일 신라는 당항성을 통해 당과 자주 왕래하여 산둥 반도에는 신라방과 신라촌이 있었다. 한편 9세기에 장보고는 지금의 완도에 청해진을 설치하고 해적을 소탕하였다. 이로써 장보고는 당-신라-일본을 잇는 동아시아의 교통과 무역을 장악하게 된다.

고등학교 　 한국사

I. 우리 역사의 형성과 고대 국가

　4. 남북국으로 나뉘어 발전하다

　　(3) 남북국, 활발한 국제 교류를 통해 발전하다

통일 후 신라는 안정을 누리며 활발한 대외 교류를 전개하였다. 주요 국제항으로는 울산항, 당항성, 강주 등이 있었다. 당은 등주에 발해관, 신라관을 설치하고 발해, 신라의 사신들이 이용하게 하였다.

843년	프랑크 왕국이 셋으로 분할됨
870년	동프랑크 왕국과 서프랑크 왕국, 메르센 조약 맺음
875년	당나라, 황소의 난
901년	남조 멸망
907년	당나라 멸망, 5대 10국 시작
916년	거란, 요나라 건국
960년	송나라 건국
962년	오토 1세, 신성 로마 제국 건국

원고 **장보고**(?~846년)

해상왕 장보고입니다. 신라 시대에 청해진을 설치해 해적을 소탕하고 국제 무역도 벌였지요. 그런데 문성왕은 내 딸과 혼인하겠다던 약속은 지키지 않고 내 세력이 커지는 것을 막으려고만 했어요. 나의 억울한 마음을 한국사법정에서 꼭 풀어 주세요.

원고 측 변호사 **김딴지**

역사공화국의 명변호사 김딴지입니다. 요즘 벌어지는 굵직한 역사 소송은 모두 내 손에 달려 있지요. 이번에는 장보고의 변호사로서 최선을 다해 꼭 승소할 겁니다.

원고 측 증인 최치원

신라에는 엄격한 신분 제도가 있어서 6두품인 나는 높은 관직에 오르지 못했어요. 시무 10조라는 개혁안을 올리기도 했지만 결국 실패하고 말았답니다.

원고 측 증인 나재당(가상 인물)

나는 신라에 살다가 당나라로 이민을 갔어요. 신라 왕실이 백성의 삶을 제대로 돌보지 않아서 당나라로 떠날 수밖에 없었어요. 당나라에서는 청해진 덕분에 먹고살 수 있었지요.

원고 측 증인 엔닌

일본의 승려 엔닌이라고 합니다. 당나라에서 일본에 갈 때 신라의 배를 얻어 타기도 했지요. 내가 쓴 『입당구법순례행기』 덕에 장보고 대사에 대해 조금이나마 알게 되었다니 기분이 좋네요.

피고 문성왕(?~857년, 재위 : 839년~857년)

신라 제46대 왕, 문성왕입니다. 왕족들 간의 다툼을 피하기 위해 어린 시절 잠시 장보고에게 몸을 의탁했지요. 장보고의 딸과 혼인하지 않은 것은 다 그럴 만한 이유가 있는데 소송을 당하다니 나야말로 억울합니다.

피고 측 변호사 이대로

청해진을 설치해서 신라 왕실을 위협했던 장보고가 이제 와서 소송을 걸다니 정말 황당합니다. 내가 문성왕을 제대로 변호해 드리지요.

피고 측 증인 김우징

문성왕의 아버지이자 신라 제45대 신무왕입니다. 장보고의 지원을 받아 왕위에 올랐지만 금방 죽고 말았지요. 내 아들이 재판에서 이길 수 있도록 제대로 증언하겠습니다.

피고 측 증인 막돌(가상 인물)

나는 바다를 마음껏 휘젓던 해적, 막돌입니다. 나쁘게 말하면 해적이지만 좋게 말하면 무장한 바다의 상인쯤 되지요. 장보고 때문에 우리 해적들이 제대로 활동하지 못하긴 했지요.

피고 측 증인 최훈

청해진에서 병마사를 지냈던 최훈이라고 합니다. 청해진이 어떤 곳인지 밝히기 위해 증인으로 나오게 되었지요.

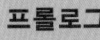

"나, 장보고는 은혜를 원수로 갚은
문성왕에게 소송을 걸겠소"

여기는 역사공화국.

김딴지 변호사는 오늘도 사무실에 홀로 앉아 억울한 사연을 가진 영혼이 찾아오기만을 기다리고 있다. 법정에서 제대로 딴죽을 거는 변호사로 소문이 나 한동안 의뢰가 끊이지 않았는데, 요즘 들어 다시 발길이 뜸해지고 있었다. 나른한 오후, 하루 종일 책상에 앉아 졸다가 책을 읽다가를 반복하던 김딴지 변호사가 도저히 참지 못하겠다는 듯 자리에서 벌떡 일어났다.

"어쩜 일주일째 한 사람도 찾아오지 않을 수가 있지? 상담하겠다는 전화도 한 통 없으니, 이거야 원. 이러다 사무실 관리비나 제대로 낼 수 있으려나……."

김딴지 변호사는 혼자 중얼거리며 연신 손으로 부채질을 해 댔다. 올여름은 유난히 더운 날이 많았는데 오늘은 올해 들어 가장 더운 날씨라 가만히 앉아만 있어도 땀이 흘렀다.

"전화기가 고장 난 거 아니야?"

혹시나 하는 마음에 수화기를 들어 보았지만 역시나 전화기에서는 정확한 신호음만 들려왔다.

"혹시 변호사 사무실 간판이 잘 보이지 않아서 사람들이 못 찾아오는 건가?"

김딴지 변호사는 얼른 밖으로 뛰어 내려가서 간판이 잘 보이는지 확인했다. 5층 사무실에서 1층까지 뛰어 내려온 보람도 없이 '역사 전문 변호사 김딴지'라고 적힌 간판은 어느 위치에서나 눈에 띌 만큼 크고 선명했다.

숨을 헐떡이며 다시 사무실로 올라오니 온몸으로 땀이 줄줄 흘렀다.

"아이고, 더워. 계단을 오르락내리락했더니 더워서 참을 수가 없네. 어서 사건을 맡고 돈을 좀 벌어야 사무실에 에어컨이라도 한 대 놓을 수 있을 텐데."

땀을 식히려고 창문을 열어 보았지만 밖에는 바람 한 점 불지 않았다.

"도저히 못 참겠다. 계속 이렇게 기다린다고 의뢰인이 오는 것도 아닌데 며칠 바다에 가서 수영이라도 하다 와야지. 역사공화국에서 변호사 사무실을 연 이후로 휴가다운 휴가 한번 제대로 못 갔으니 올여름엔 수영이나 실컷 하고 와야겠다."

휴가를 떠나기로 마음먹은 김딴지 변호사는 콧노래를 흥얼거리며 짐을 챙기기 시작했다.

"나는야 바다의 왕자~ 당신은 해변의 여자~."

그때 갑자기 문가에서 낯선 목소리가 들렸다.

"아니, 당신도 바다의 왕자요? 나도 바다의 왕잔데……."

"깜짝이야! 누, 누구세요?"

"바다의 왕자 하면 누군지 모르겠소? 장보고라고 하오."

"장보고요? 신라 시대에 청해진을 세웠던 바로 그 장보고란 말씀이세요?"

"그렇소. 당신이 김딴지 변호사요?"

"네. 그런데 무슨 일로 찾아오셨어요? 호, 혹시 제게 사건을 의뢰하려고 오신 건가요?"

"아, 변호사 사무실에 그 일 말고 또 무슨 일이 있어서 왔겠소? 내가 얼마 전에 길을 가다가 우연히 고구려 영류왕을 만났는데, 소송을 걸 일이 있다니까 당신을 소개해 주더이다. 초행길이라 사무실을 못 찾을까 봐 걱정했는데 멀리서도 간판이 잘 보여서 아주 쉽게 찾았소."

"하하. 제 사무실 간판이 크고 잘 보이긴 하죠. 그런데 무슨 억울한 일이 있어서 절 찾아오셨나요?"

"다들 알다시피 나는 내 부하인 염장에게 암살을 당했소."

"그건 역사책에서 읽었어요. 그럼 염장에게 소송을 거시려고요?"

"하수인에 불과한 염장 따위는 내 상대가 아니지요."

"그럼 대체 누구에게 소송을 제기하시려고요?"

"누구긴 누구요, 문성왕이지."

"신라 제46대 왕인 문성왕 말씀이세요?"

"그렇소. 내가 1200년 동안 곰곰이 생각을 해 봤는데 말이오, 아무리 생각해도 나를 암살하라고 명령을 내린 사람이 문성왕인 것 같단 말이오. 그런데 문성왕은 내게 입은 은혜가 아주 크거든. 은혜를 원수로 갚은 문성왕을 도저히 용서할 수가 없어서 속으로 끙끙 앓다가 한국사법정에 관한 이야기를 듣고 김 변호사를 찾아온 거요. 내 변호를 맡아 달라고 부탁하려고 말이오. 그런데 김 변호사, 짐을 챙기고 있는 걸 보니 어디 여행이라도 갈 계획이었나 보오? 이를 어쩌나. 다른 변호사를 찾아봐야 하나? 이대로 변호사도 유명하다고 하던데……."

장보고의 말에 김딴지 변호사가 들고 있던 짐을 내던지고 장보고의 두 손을 꼭 잡았다.

"어디 가긴요. 그냥 사무실 정리를 좀 하고 있었던 것뿐입니다. 하핫. 제가 가긴 어딜 가겠습니까?"

"다행이오. 여름이라 혹시 바다로 휴가라도 가려는 건가 했소."

"아유, 그럴 생각은 추호도 없었습니다. 그리고 역사 전문 변호사 김딴지가 아니면 누가 이 소송을 맡겠습니까? 제가 성심을 다해 재판에서 꼭 승소하도록 해 드리지요. 하하하."

"허허. 고맙소. 그럼 우리 바다의 왕자끼리 한번 잘해 봅시다."

장보고와 통일 신라 시대의 해상 활동

나당 연합을 맺어 백제와 고구려를 치는 데 손을 맞잡은 신라와 당나라는 삼국 통일 과정에서 서로 관계가 껄끄러워졌습니다. 하지만 735년부터는 다시 바다를 통해 활발히 교류를 펼쳐 나갑니다. 신라에서 당나라로 유학생을 보내고 승려와 상인들도 왕래하면서 교역의 물꼬가 트이기 시작했지요. 그러다 828년 장보고가 지금의 완도 지역에 청해진을 설치함으로써 신라인의 해외 진출과 민간 무역이 본격적으로 활발해지게 됩니다.

당시 장보고의 세력은 굉장했습니다. 바다의 질서를 어지럽히던 중국 해적을 물리친 뒤 일본과의 무역을 독차지하고 중국과의 무역을 거머쥐었으니 가히 '해상왕'이라 불릴 만했지요. 장보고는 당나라 산둥반도에 '법화원'이라는 신라인의 불교 사찰을 세우기도 했습니다.

장보고가 처음부터 이렇게 바다의 왕으로 군림할 수 있었던 것은 아니었습니다. 골품제가 뚜렷한 신라에서 낮은 신분으로 태어났던 장보고(어렸을 적 이름은 궁복)는 일찍이 당나라로 건너가게 됩니다. 그리고 특유의 기개와 노력으로 그곳에서 군대의 소장 자리까지 오르게 됩니다. 하지만 중국 해적에게 붙잡혀 와서 고생하고 있는 신라 동포들의 모습을 보자 울분을 참지 못하고 신라로 돌아와 왕에게 해적들의 만행을 보고합니다. 그리고 청해(지금의 완도)에 해적을 막을 수 있는 수군 기지를 만들 것을 요청합니다. 왕은 기꺼이 청을 받아들여 장보고를 청해진 대사로 임명합니다.

장보고는 군사 1만 명을 이끌고 중국과 일본 해로의 중심이 되는 청해에 진을 설치하고 수군 기지를 만듭니다. 이후 청해진을 중심으로 한 서남 해안에서 당시 성행하던 중국 해적들을 소탕하고, 중국과 일본 사이에 끼어들어 무역의 패권을 잡게 됩니다. 군사력을 바탕으로 무역권까지 장악하게 된 것이지요.

당시 우리나라의 수출품으로는 인삼과 금은으로 만든 물건이 많았고, 수입품으로는 비단과 옷이 많았습니다. 통일 신라는 일본에는 회역사, 당나라에는 견당매물사라는 무역 사절단을 보내 활발한 무역을 펼쳤습니다.

적산 '법화원'의 장보고 동상

원고 | 장보고	대리인 | 김딴지 변호사
피고 | 문성왕	대리인 | 이대로 변호사

청구 내용

신라 말기, 지금의 완도 땅에는 청해진이 있었습니다. 나, 장보고가 당나라에서 군인 생활을 하다가 828년에 귀국하여 설치했지요. 내가 청해진에서 바다를 장악하고 있을 때 훗날 신무왕이 된 김우징이 아들을 데리고 도성에서 벌어지는 왕위 다툼을 피해 청해진으로 도망 온 적이 있습니다. 나는 오갈 데 없는 그들 부자가 청해진에서 지내도록 보살펴 주었지요. 그뿐만 아니라 그들이 왕권을 장악하기 위해 다시 도성으로 돌아갈 때 군대를 함께 보내 도와주었지요. 그 결과 김우징은 신라 제45대 신무왕이 되었고, 그 아들은 제46대 문성왕이 되었습니다. 신무왕과 문성왕은 나의 도움으로 왕위에 오를 수 있었지요.

그런데 이들 부자는 은혜를 모르는 자들이에요. 이들이 청해진에 있을 때 훗날의 문성왕이 장차 내 딸과 혼인하기로 약속했었는데, 이 약속을 헌신짝처럼 버린 것이지요. 문성왕이 불러 주기만을 기다리던 내 딸은 하루아침에 닭 쫓던 개 신세가 되고 말았습니다. 그러던 중 나까지 암살당하면서 내가 세운 청해진은 역사 속으로 사라져 버렸지요.

나를 암살한 자는 염장입니다. 나는 다름 아닌 문성왕이 염장을 보냈다고 생각합니다. 그래서 오늘 그 사실을 똑똑히 밝히고자 소송을 걸게 되었습니다.

    또한 다행히 지금은 후손들이 나를 '바다의 왕자', '해상왕'으로 부르며 제대로 평가해 주지만 당시 문성왕과 신라의 귀족들은 나를 인정하지 않았습니다. 지금이라도 한국사법정에서 문성왕에게 나의 암살과 청해진의 몰락에 대한 책임을 묻고자 합니다.

입증 자료

- 중학교 역사 교과서
- 고등학교 한국사 교과서
  그 외 자료 추후 제출하겠음.

위 청구인 장보고

역사공화국 한국사법정 귀중

장보고는
왜 암살당했을까?

1. 문성왕은 왜 청해진으로 도망쳤을까?
2. 장보고의 딸은 왜 왕비가 될 수 없었을까?
3. 장보고는 어떤 사람이었을까?

교과연계

역사
Ⅲ. 통일 신라와 발해
2. 통일 신라의 발전
(1) 통일로 평화와 번영을 누린 신라
〈동아시아 해상 무역을 주도한 장보고〉

1 문성왕은 왜 청해진으로 도망쳤을까?

장보고와 문성왕의 재판이 열리는 날, 역사공화국 법정 안은 재판을 구경하려는 영혼들로 발 디딜 틈 없이 붐볐다. 특히 오늘은 신라 영혼들뿐만 아니라 일본 영혼들과 당나라 영혼들까지 몰려드는 통에 법정 안은 시장 바닥이 따로 없었다.

"아이고, 우리 장보고 님이 이번 재판으로 드디어 억울함을 풀 수 있겠구나."

"하하하. 장보고 님이 진작 문성왕에게 소송을 걸었어야 했어."

신라인 영혼들이 서로 머리를 맞댄 채 이야기꽃을 피우고 있었다. 그들이 웃고 떠들며 재판이 시작되기를 기다리는데 한 아이가 불쑥 끼어들었다. 옷차림을 보아하니 역사공화국에 온 지 얼마 되지 않은 아이 같았다.

"저, 궁금한 게 있는데요. 지금 지상 세계에서 장보고 님은 바다의 왕자라며 영웅 대접을 받거든요. 그런데 대체 뭐가 억울하다고 이렇게 소송을 건 거예요?"

"그거야 요즘 이야기이지. 장보고 님이 살아생전에 억울한 일을 얼마나 많이 당하셨는데."

"게다가 암살까지 당하셨잖아. 장보고 님 돌아가셨을 때 생각만 하면 어휴……."

신라 영혼들이 과거를 회상하며 손수건으로 눈물을 찍어 대고 있을 때 판사가 입정했다.

판사　지금부터 재판을 시작하겠습니다. 모두 정숙해 주세요.

판사의 등장에 소란스럽게 떠들던 사람들이 모두 집중했다. 주위가 정돈된 것을 확인한 후 판사가 말을 이었다.

판사　오늘은 원고 장보고와 피고 문성왕의 재판, 그 첫 번째 날입니다. 먼저 원고 측 변호인이 사건에 대해 설명하세요.

김딴지 변호사　네, 판사님. 오늘은 통일 신라 시대에 바다를 주름 잡았던 장보고가 당시 신라의 왕인 문성왕을 상대로 소송을 제기한 사건입니다. 피고 문성왕에게 원고가 소송을 제기한 이유는 크게 두 가지입니다. 우선 피고가 약속을 지키지 않았기 때문입니다. 피고는 아직 왕이 되기 전에 아버지 김우징과 함께 원고가 다스리던 청해진으로 도망을 온 적이 있었지요. 그때 원고가 이들 부자를 성심껏 도와주었고, 나중에 피고와 자신의 딸을 혼인시키기로 피고의 아버지와 약속했습니다.

판사   피고가 그 약속을 지키지 않았다는 거군요. 그럼 다른 한 가지 이유는 무엇인가요?

김딴지 변호사   그것은 바로 피고가 원고의 암살을 명령했기 때문입니다.

김딴지 변호사의 말에 법정이 소란스러워졌다.

"뭐야! 장보고 님을 암살하라고 명령한 사람이 다른 사람도 아니고 문성왕이었어?"

"은혜를 원수로 갚았네그려……."

방청석의 이야기를 듣고 있던 이대로 변호사가 재빨리 자리에서 일어났다.

이대로 변호사   판사님, 이의 있습니다. 원고 측 변호인은 지금 확실하지도 않은 혐의를 제 의뢰인에게 덮어씌우고 있습니다.

김딴지 변호사   확실하지 않은 혐의라니요! 판사님, 제게 이를 증명할 확실한 증거가 있습니다. 피고 문성왕을 신문할 수 있도록 허락해 주십시오.

판사   허락합니다. 피고는 신문에 대답해 주세요.

김딴지 변호사   피고는 신라 제46대 왕으로, 김우징의 아들이 맞습니까?

문성왕　맞습니다. 나의 아버지는 신라 제45대 신무왕으로 김, 우 자, 징 자 되십니다.

김딴지 변호사　피고는 어린 시절 아버지와 함께 청해진으로 도피한 적이 있지요? 그때 무슨 이유로 청해진으로 도망을 간 것입니까?

금성
신라의 시조 박혁거세가 경주에 쌓은 왕성입니다.

치미
전통적인 건물의 용마루 양쪽 끝머리에 얹는 상징적인 조각물입니다. 화재와 같은 재난이 일어나지 않기를 기원하는 목적으로 만들어졌다고 하지요.

교과서에는

▶ 신라 말기에는 왕이 되기 위한 귀족들 간의 싸움이 매우 심했습니다. 150여 년 동안 20명의 왕이 바뀔 정도로 혼란이 심해서 결국 왕의 권력이 크게 약해졌답니다.

문성왕 　당시 신라 왕실은 매우 혼란스러웠습니다. ▶제42대 흥덕왕이 죽자 김제륭은 사촌 동생인 김균정을 살해하고 제43대 희강왕이 되었지요. 그런데 김명이란 자가 희강왕을 자살하게 만들고 자신이 제44대 민애왕이 되었습니다. 이렇게 왕족들 간에 피를 부르는 싸움이 벌어지자 김균정의 아들인 나의 아버지는 목숨이 위태로워졌습니다. 그래서 837년 어느 날 밤, 아버지는 일찍 잠자리에 든 나를 깨워서 미리 대기시켜 놓은 말에 태웠습니다. 그날 밤 식구들 모두 금성을 몰래 빠져나왔지요.

김딴지 변호사 　그길로 바로 청해진으로 갔군요.

문성왕 　그렇습니다. 청해진으로 향하는 포구에 도달하자 미리 연락을 받았는지 사람들이 마중을 나왔더군요. 정박해 놓은 배의 규모며 모양이 단순한 어선이나 상선이 아니었습니다. 선원들도 활기찼고 자신감이 넘쳐 보였지요. 왕족인 우리를 보면서도 전혀 어려워하지 않는 눈빛이었어요.

김딴지 변호사 　청해진에 도착했을 때 어떤 기분이 들었습니까?

문성왕 　배가 청해진에 가까워지면서 궁전 같은 건물을 볼 수 있었습니다. 치미가 한낮의 햇살을 받아 금빛으로 빛나고 있더군요. 청해진이 얼마나 부유한가는 그것만으로도 한눈에 알 수 있었습니다. 창고 건물도 몇 채 눈에 띄고 성벽도 돌을 군데군데 섞어서 쌓아 제법 견고해 보였습니다. 부두에는 희고 큰 돛대를 세 개씩이나 단 돛단배들

대사

흥덕왕이 장보고를 청해에 설치
한 진의 사령관으로 삼으며 내린
벼슬입니다. 장보고는 신분이 미
천해서 정식 관직을 받지 못했어
요. 대사는 예외적으로 장보고에
게만 내린 관직으로 보입니다.

이 줄지어 서 있고요. 완전히 하나의 나라라는 생각이 들
어서 모골이 송연해졌습니다.

김딴지 변호사　　금성이 아닌 낯선 곳에서 살게 되었는데
두렵지는 않았나요?

문성왕　　청해진은 금성과 멀리 떨어져 있고 섬이기 때문
에 중앙 정부의 군사력이 미칠 수 없는 곳이었어요. 어린
내가 보기에도 그곳은 우리가 피난처로 삼기에 딱 알맞았죠. 뿐만
아니라 재기를 도모하기에도 더없이 좋은 곳이었어요. 단, 청해진
대사로 있는 장보고의 도움이 반드시 필요했습니다. 아버지는 그에
게 도움을 요청했습니다. 아버지와 장보고 사이에 어떤 이야기가 오
갔는지는 알 수 없지만 두 분은 마치 오래전부터 아는 사이처럼 보
였고, 이후 모든 일이 잘 풀려 갔습니다. 장보고가 아버지의 요청을
흔쾌히 받아들인 것이지요.

김딴지 변호사　　원고를 처음 본 느낌은 어땠나요?

문성왕　　장보고는 사람을 휘어잡는 카리스마가 강한 인물이었습
니다. 한편으로는 얼굴에 욕심이 붙어 있다는 느낌도 들었지요. 하
지만 꽉 다문 입술에서 그가 자기 일에 신념을 지닌 인물이라는 것
을 알 수 있었습니다.

김딴지 변호사　　청해진에서의 생활은 어땠나요? 행복했나요?

문성왕　　청해진에서 나는 2년 동안 행복한 나날을 보냈습니다. 사
실 왕실은 정말 지긋지긋한 곳입니다. 만나는 사람들도 매일 똑같
은 데다가 건물 안에 갇혀 있어야 하지요. 더군다나 내 옆에 있는 사

람이 언제 적이 될지도 모른다는 생각이 들면 두렵기까지 했습니다. 청해진에서 지낼 때 나는 늘 밖으로 쏘다녔습니다. 여러 사람들을 만나고 바닷바람을 쐬다 보면 자연스럽게 어부들과도 이야기를 나누게 되고 배에도 올라타곤 했습니다. 청해진에는 우리 신라 사람만 있는 게 아니라 당나라 사람도 있고, 멀리 동남아시아 사람도 눈에 띄곤 했지요. 그렇게 다니다 보니 청해진이라는 곳의 체제를 속속들이 알게 되었습니다.

김딴지 변호사　　그럼 원고는 청해진에 피신해 있던 어린 날부터 이미 원고의 권력을 부러워했고, 언젠가는 그를 제거할 수 있도록 약점도 미리 파악한 것이군요?

이대로 변호사　　이의 있습니다. 지금 원고 측 변호인은 피고를 유도 신문 하고 있습니다.

판사　　인정합니다. 원고는 이 질문에 대답하지 않아도 됩니다.

김딴지 변호사　　좋습니다. 그럼 다른 질문을 던지지요. 피고의 아버지는 피고와 원고의 딸을 장래에 혼인시키기로 약속했는데요. 피고는 원고의 딸을 연모했습니까?

문성왕　　네, 그 당시에 나는 그녀를 연모했습니다. 낯선 곳에 떨어져 외롭고 무서운 상황에서 누구라도 그러지 않았을까요? 내가 위안을 얻을 수 있는 유일한 사람은 아버지도 아닌 바로 그녀였습니다.

김딴지 변호사　　장보고의 딸을 연모했으면서 대체 왜 장보고를 암살하라는 명령을 내린 것입니까?

이대로 변호사　　판사님, 신문을 중지시켜 주십시오. 원고 측 변호인

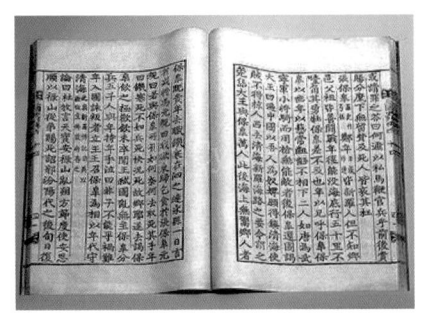
『삼국사기』「열전」 장보고 편

은 지금 근거도 없이 피고에게 원고를 죽이려 했다는 죄를 뒤집어씌우고 있습니다.

판사   아까 원고 측 변호인이 증거가 있다고 했는데요. 우선 그 증거부터 봅시다.

김딴지 변호사   감사합니다. 그 증거는 바로 김부식이 쓴 역사책 『삼국사기』입니다. 『삼국사기』에 따르면, 원고는 피고가 자신의 딸을 받아들이지 않은 것에 원한을 품고 반란을 일으켰고, 조정에서는 원고의 처리를 두고 크게 근심했습니다. 그때 염장이란 자가 나타나 자신이 맨주먹으로 장보고를 베어 바치겠다고 큰소리를 쳤지요. 그리고 피고는 염장의 말에 따랐다고 기록되어 있습니다. 이래도 피고는 원고를 암살하라는 명령을 내리지 않았다고 발뺌할 겁니까?

문성왕이 당황한 표정으로 말을 잇지 못하자 이대로 변호사가 급히 자리에서 일어났다.

2

장보고의 딸은 왜 왕비가
될 수 없었을까?

이대로 변호사　　판사님, 최근 지상 세계에서 밝혀진 연구에 따르면 장보고를 암살하라는 명령을 내린 것은 피고가 아니라 중앙의 귀족들이라고 합니다. 신라 귀족들이 청해진의 세력이 강해지는 것을 두려워한 나머지 원고를 계획적으로 암살한 것입니다.

김딴지 변호사　　아니, 『삼국사기』에 버젓이 피고가 원고를 암살하는 것을 허락했다고 기록되어 있는데 이보다 더 확실한 증거가 어디 있습니까?

　두 변호사의 목소리가 높아지자 판사가 이를 제지했다.

판사　　자, 양측 변호인은 진정하세요. 진실을 밝히려면 원고를 암살한 염장의 증언이 꼭 필요할 것 같은데요.

김딴지 변호사　　안타깝게도 염장을 증인으로 출두시킬 수가 없었습니다. 그는 살아 있을 때도 양심의 가책을 느껴 힘들어하며 평생 신라 땅을 방랑했습니다. 그러다가 어딘지도 모를 곳에서 객사했으니 당연히 그의 영혼도 구천을 방황하는 노숙자 신세로 전락했지요. 제가 염장을 증인으로 세우기 위해 영혼 경찰까지 동원해서 수배했지만 끝내 찾을 수가 없었습니다.

판사　　그렇군요. 그럼 판결을 내릴 때 원고 측의 증거와 피고 측의 반박을 모두 고려하겠습니다. 피고의 신문은 이쯤에서 마치도록 하지요.

이대로 변호사　　판사님, 원고 측 변호인이 피고를 신문했으니 이번에는 제게 기회를 주십시오. 저는 피고 대신 저희 측 증인을 신문하고 싶습니다.

판사　　피고 측 증인이라면 피고의 아버지인 김우징을 말하는 건가요?

이대로 변호사　　네, 맞습니다.

판사　　좋습니다. 증인은 증인석으로 나와 선서하세요.

김우징이 증인석으로 나와 선서를 하고 자리에 앉았다. 김우징은 주위를 둘러보던 중 장보고와 눈이 마주치자 흠칫 놀라며 두려운 표정으로 고개를 돌렸다. 그리고 짐짓 아무렇지 않은 듯 헛기침을 해 댔다.

　　왜 장보고를 바다의 왕자라고 부를까?

이대로 변호사 　안녕하세요. 증인으로 나와 주셔서 감사드립니다. 자기소개를 좀 해 주실까요?

김우징 　안녕들 하십니까. 나는 신라 제45대 왕인 신무왕이올시다. 내 아들 문성왕이 장보고에게 소송을 당했다는 말을 듣고 하도 기가 차서 이대로 변호사에게 나를 꼭 증인으로 불러 달라고 부탁을 했지요.

　피고의 아버지인 신무왕, 김우징의 등장에 방청석이 소란스러워졌다.

　"뭐야, 피고 아버지가 피고 측 증인으로 나와도 되는 거야? 피는 물보다 진하다는데, 아들 편만 들 게 뻔하군."

　"이번 사건에 워낙 깊이 연루된 인물이라 재판부에서도 특별히 허락했다고 하더라고."

　"판사님이 그런 거 다 고려해서 증인 신청을 받아들인 거겠지. 너는 참 별 걱정을 다 한다."

　법정이 점점 시끄러워지자 판사가 법봉을 내리쳤다.

판사 　조용히 하세요. 한 번만 더 시끄럽게 떠들면 퇴정시키겠습니다. 피고 측 변호인은 계속 신문하세요.

이대로 변호사 　증인은 원고와 함께 군사를 모아 도성에 쳐들어갔지요? 그때의 상황을 자세히 설명해 주시겠습니까?

김우징 　그러지요. 아까 우리 아들이 증언했듯이 민애왕이 왕이 된 후 나는 가족을 데리고 청해진으로 도망을 갔습니다. 다른 곳도 아닌 장보고가 있는 청해진으로 도망간 이유는 장보고의 힘을 빌리기 위해서였지요. 청해진에서 나는 겉으로는 조용히 지내는 척했지만 사실은 민애왕을 몰아낼 계획을 짜고 있었습니다.

이대로 변호사 원고에게 증인의 계획에 대해 이야기했나요?

김우징 물론이지요. 내가 도망 온 이유와 장래의 계획을 이야기하자 장보고는 크게 기뻐하며 맞장구를 쳤습니다. 장보고의 반응을 보며 나는 '청해진으로 오길 참 잘했구나' 하고 속으로 생각했지요.

이대로 변호사 그럼 청해진을 떠나 다시 금성으로 돌아간 것은 언제입니까?

김우징 나는 청해진에서 조용히 때를 기다렸습니다. 그리고 준비가 다 되었을 때 바닷가를 거닐던 아들을 불러 집으로 돌아갈 채비를 하라고 일렀지요. ▶그때가 839년이었습니다. 장보고는 친구 정년에게 5000명의 군사를 주어 금성으로 진격하게 했지요. 청해진의 군대는 파죽지세로 진격하더니 삽시간에 궁궐을 점령했습니다. 그리고 희강왕을 도와 내 아버지를 살해한 민애왕을 죽였습니다.

이대로 변호사 그 뒤 증인이 왕위에 오른 것이군요.

김우징 맞습니다. 장보고가 청해진을 나서서 금성으로 행차하자 신라 백성들은 환호했습니다. 나는 그때 혹여나 그가 임금 자리에 오르지 않을까 두려웠습니다. 하지만 장보고는 나를 신무왕으로 추대했습니다. 그래서 나는 즉시 장보고에게 감의군사라는 벼슬을 내렸고 식읍을 무려

민애왕을 끌어내리고
김우징을 임금으로 세우겠다!

2000호나 하사했지요. 당시로서는 상상할 수 없을 정도로 큰 규모의 재산이어서 모든 사람들이 놀랐다고 합니다.

이대로 변호사　　원고는 혜성처럼 등장해서 중앙 정치계에서 막강한 실력자로 부상한 것이군요.

김우징　　그렇습니다. 내가 왕이 되는 데 장보고가 큰 도움을 주어서 벼슬과 식읍을 하사했지만 사실 나는 장보고를 경계했어요. 그래서 아들에게도 장보고를 조심하라고 당부하고 또 당부했습니다.

이대로 변호사　　증인이 왕위에 오른 후 원고는 계속 도성에 남아 있었나요?

김우징　　아닙니다. 그는 정년만 도성에 남겨 둔 채 청해진으로 돌아갔어요. 그리고 나는 왕위에 오른 후 4개월 만에 병으로 죽고 말았습니다. 천신만고 끝에 오른 왕위였는데 정말 한스러웠지요.

이대로 변호사　　아들을 홀로 두고 눈을 감아야 했으니 걱정이 크셨겠습니다.

김우징　　그렇다마다요. 나도 내가 그렇게 일찍 죽을 줄 알았더라면 장보고에게 그처럼 큰 권력을 주지 않았을 겁니다. 눈을 감는 순간까지도 내가 죽은 후 장보고가 더 큰 권력을 차지하기 위해 내 아들을 해치지는 않을까 걱정이 태산이었지요.

이대로 변호사　　존경하는 판사님, 그리고 배심원 여러분, 증인의 증언처럼 원고는 왕도 겁낼 만큼 커다란 권력을 가지고 있었습니다.

감의군사
감의군사는 장보고에게 내려진 특별 관직입니다. 이후 문성왕은 진해장군이라는 관직을 장보고에게 내려 주었습니다. 그 이전엔 이런 관직이 아예 없었지요. 장보고는 신분이 높지 않아서 높은 관직을 줄 수 없었기 때문에 이를 배려하여 감의군사, 진해장군이라는 특별 관직을 내린 것으로 보입니다.

식읍
과거에 왕족이나 귀족에게 땅을 내려 주었는데 이를 식읍이라고 합니다. 식읍 제도는 조선 시대에 들어오며 없어졌어요.

군사와 경제력을 모두 손에 쥐고 있었지요. 물론 증인과 피고가 왕위에 오르는 데 원고가 큰 도움을 주었다는 것은 인정합니다. 그래서 증인도 원고에게 큰 상을 내린 것이고요. 하지만 중요한 사실은 원고가 신라 왕실에 위협이 되었다는 것입니다. 판사님, 원고가 신라 왕실을 위협했다는 사실을 증명하기 위해 제 의뢰인인 피고를 신문하고 싶습니다.

판사 허락합니다.

이대로 변호사 아버지 신무왕이 돌아가신 후 많이 당황하셨겠습니다. 왕위에 오르는 데 큰 어려움은 없었나요?

문성왕 아버지가 돌아가셨으니 내가 왕위를 이어받는 것은 당연했지요. 물론 이때 장보고의 지지가 큰 힘이 된 것을 부인하지 않겠습니다. 그래서 고마움의 표시로 장보고에게 바다를 안정시키라는 의미인 진해장군이라는 호칭을 주었지요. 이제 장보고는 더욱 확실하게 최고의 권력을 행사하게 되었습니다. 그러자 그는 계속해서 내게 무리한 요구를 했습니다. 나라의 정치에 간섭하기 시작했지요. 그리고 마침내 전에 약속했던 대로 자신의 딸을 둘째 왕비로 받아들이라고 요구했어요. 아니, 명령한 것이지요.

이대로 변호사 그런데 피고는 원고의 요구를 끝내 들어주지 않았습니다. 원고의 딸을 끝까지 둘째 왕비로 받아들이지 않은 이유는 무엇입니까?

문성왕 어린 시절 나는 섬에서 피난살이를 하면서 외로운 데다가 아버지도 강권했기 때문에 썩 내키진 않았지만 장보고의 딸과 혼인

하기로 약속을 했지요. 일종의 혼인 동맹이라고 보면 됩니다. 실은 나도 장보고의 딸을 어느 정도는 좋아했으니 반대를 하지 않았습니다. 하지만 왕이 되고 난 후에는 모든 것이 달라졌어요. 나는 막강한 군사력을 가진 장보고가 무서웠습니다. ▶그의 딸은 마음에 들었지만, 만약 그가 장인이 된다면 누가 보더라도 나는 허수아비가 될 게 뻔했지요. 그리고 나보다도 귀족들이 절대 용납할 수 없는 일이

교과서에는

▶ 장보고는 문성왕 때 자기 딸을 왕비로 만들려고 했습니다. 하지만 진골 귀족들은 장보고의 세력이 더 커지는 것을 견제했고, 결국 장보고는 자객에게 암살당하고 말았습니다.

라고 반대했습니다.

이대로 변호사 귀족들이 반대했다고요? 원고가 당시 큰 권력을 가지고 있었는데 귀족들이 왜 반대를 한 건가요?

문성왕 ▶사실 장보고는 금성의 귀족 출신이 아닙니다. 지방에 있는 호족 세력이었지요. 『삼국사기』에도 장보고는 고향도 조상도 부모도 모르는 섬사람이라고 기록되어 있어요. 귀족들은 지방 호족 세력이 권력의 핵심부에 자리를 틀고 앉아 자기들을 압박하는 것을 달가워하지 않았습니다. 새로운 세력이 등장하는 걸 두려워했던 것이지요. 특히 장보고는 이미 국제적으로 알려진 인물이어서 여러 면에서 귀족들을 능가하는 힘을 가지고 있었고요. 귀족들의 입장에서는 내가 장보고를 등에 업고 막강한 권력을 휘두를 수도 있다고 판단한 겁니다.

이대로 변호사 잘 들었습니다. 이제야 뭔가 드러나는 것 같습니다. 여러분도 이미 느끼셨겠지만 원고는 결코 정의나 명분 때문에 김우징을 도운 것이 아닙니다. 그저 권력을 추구한 것이지요. 그의 마음 깊은 곳에 왕권을 향한 열망이 없었다고 그 누가 장담할 수 있겠습니까? 게다가 원고는 피고가 자신의 딸과 혼인하겠다고 한 약속을 지키지 않았다고 하지만, 이는 귀족들의 반대 때문이었습니다. 피고로선 어쩔 수가 없었지요. 귀족들이 모두 반대하는데 피고가 어떻게 원고의 딸을 왕비로 맞이할 수 있었겠습니까?

  이상으로 신문을 마치겠습니다.

신라의 토지 제도

장보고는 김우징을 왕위에 올린 후 식읍을 2000호 받았다고 하지요. 식읍이란 국가에서 공을 세운 사람에게 주는 토지로 녹읍과 그 성격이 같습니다. 그렇다면 녹읍이란 무엇일까요?

요즘은 국가를 위해 일하는 사람들에게 국가에서 월급을 주지만 신라 시대에는 땅을 주었어요. 그리고 그 땅을 녹읍이라고 불렀지요. 녹읍을 받은 귀족들은 그 땅에서 거두는 세금을 쓸 수 있었을 뿐만 아니라 그 땅에 속한 노동력도 마음대로 쓸 수 있었답니다. 즉 백성이 농사를 지어서 세금을 나라에 내는 것이 아니라, 자신이 농사짓는 땅을 녹읍으로 받은 귀족에게 내는 것이었지요.

그러다가 제31대 신문왕이 왕권을 강화하기 위해서 녹읍을 폐지하고 관료전을 지급했어요. 관료전도 녹읍처럼 땅이긴 하지만, 이제는 그 땅에서 나오는 곡식의 10분의 1만 귀족이 가져갈 수 있고 노동력은 사용할 수 없게 된 것이지요. 이전에 귀족들에게 녹읍을 줄 때는 귀족들이 마음대로 땅과 백성을 수탈할 수 있었는데, 이제는 국가가 땅과 백성을 지배하고 보호하게 된 거예요. 하지만 제35대 경덕왕 때 귀족 세력이 다시 커지면서 녹읍이 부활했답니다.

신라 말기의
새로운 세력, 호족

신라 말기에는 호족이라고 불리는 세력이 있었습니다. 장보고도 호족 세력 가운데 하나였지요. 호족들은 중앙 귀족들이 서로 왕위에 오르기 위해 다투는 사이 지방에서 독자적으로 세력을 키웠습니다. 장보고의 경우 바다를 지배하며 호족 세력으로 성장했고, 고려를 세운 왕건도 바다를 기반으로 성장한 호족 세력이지요. 궁예처럼 원래는 왕족이지만 경쟁에서 밀려 지방으로 내려간 호족 세력도 있었습니다.

이렇게 신라 말기에 들어서 호족 세력이 생긴 이유는 귀족의 수가 크게 늘어났기 때문입니다. 신라에는 골품 제도라는 신분 제도가 있어서 진골 귀족이면 높은 관직에 오를 수 있었는데, 귀족이 많아지면서 관직에 오르지 못한 귀족들이 생긴 것이지요. 이런 사람들이 지방으로 내려가면서 자연스럽게 호족 세력이 형성되었습니다. 또 골품 제도 때문에 귀족이 아닌 지방의 세력가들은 높은 관직에 오를 수 없었어요. 그래서 이들은 중앙으로 진출하기보다는 자신의 세력이 미치는 지방에서 성주나 장군, 심지어 왕이 되어 그 지역을 다스렸지요. 호족은 신라 말기에 등장하여 새로운 사회를 만들어 갈 주역으로 성장한 세력이었답니다.

3

장보고는
어떤 사람이었을까?

김딴지 변호사　판사님, 피고 측 변호인은 근거도 없이 제 의뢰인이 왕권을 넘봤다는 추측을 하고 있습니다. 신성한 법정에서 감히 추측이라니요! 지금 피고 측 변호인은 피고가 은혜를 원수로 갚은 것을 어떻게든 축소시키려고 억지 논리를 펴는 것입니다.

이대로 변호사　판사님, 저는 아무 근거 없이 그렇게 말한 것이 아닙니다. 증인 김우징과 피고의 증언을 통해 장보고가 어떤 사람이었는지가 충분히 드러났다고 봅니다.

판사　피고 측의 증언만으로 원고를 평가하기는 무리가 있겠네요. 그럼 지금부터는 원고가 어떤 사람이었는지 알아보도록 합시다.

김딴지 변호사　감사합니다. 그럼 제가 원고를 직접 신문하겠습니다.

판사　허락합니다.

형형한 눈빛, 건장한 체격의 장보고가 증인석으로 나와 앉았다.

김딴지 변호사　제가 듣기로 원고는 젊은 시절을 당나라에서 보냈다고 하는데요. 사실입니까?

장보고　사실입니다. ▶어린 시절에 나는 궁복 혹은 궁파라고 불렸습니다. 내가 활을 아주 잘 쏘았기 때문에 사람들이 나를 그렇게 불렀지요. 하지만 골품 제도가 뿌리 깊었던 신라 사회에서는 아무리 활을 잘 쏜다고 해도 큰일을 할 수가 없었습니다. 내가 귀족이 아니기 때문이었죠. 신라는 아무리 능력이 뛰어나도 진골 귀족이 아니면 출세를 할 수 없었던, 철저한 신분제 사회였거든요. 섬에서 태어난 나는 신라에서 하급 관리조차 될 수 없었지요. 그래서 나는 큰 꿈을 꾸기 위해 당나라로 건너간 것입니다. 그때가 810년으로, 당시 신라의 왕은 헌덕왕이었지요.

김딴지 변호사　당나라에서는 어떤 활동을 했습니까?

장보고　나는 당나라로 건너가서 군대에 입대했습니다. 장쑤 성 쉬저우의 절도사가 거느리는 무령군에 들어갔지요. 그리고 뛰어난 활 솜씨 덕에 비교적 높은 자리에까지 올랐습니다. 무령군의 군중소장이 되어 5000명 정도의 병사들을 부렸지요.

김딴지 변호사　당나라에서 높은 지위에도 올랐는데 왜 다시 신라로 돌아온 것입니까?

장보고　▶▶당나라에서 활동할 때 해적들에게 납치당해 노예가 된 신라인을 여럿 보았습니다. 그걸 보며 나는 울분을 참을 수가 없었지요. 그때 신라로 돌아가야겠다는 마음을 먹었어요. 하지만 바로 신라로 돌아간 건 아닙니다. 나는 조금 더 당나라에 머물면서 군대 양성 방법을 익히고 바다를 통한 국제 무역의 꿈을 키웠습니다. 몇 년이 지나고 나서 결국 마음먹은 대로 신라에 돌아왔지요.

김딴지 변호사 신라인들이 노예로 팔리는 것을 보고 해적을 소탕하려고 신라로 돌아가겠다는 결심을 하다니, 정말 훌륭하십니다. 신라로 귀국해서 흥덕왕을 찾아갔다고 하던데요. 사실인가요?

장보고 나는 흥덕왕을 뵙고 해적을 토벌해서 더 이상 우리 신라인이 노예로 팔려 가는 일이 없도록 해야 한다고 건의드렸지요. 왕께서도 내 말을 듣고 크게 동의하셔서 828년에 완도에 청해진을 설치했습니다. 그리고 군사를 1만 명이나 주며 나를 청해진 대사로 임명한 겁니다. 청해진은 바로 그렇게 세워진 것이지요.

김딴지 변호사 존경하는 판사님, 그리고 배심원 여러분, 이로써 원고가 어떤 사람인지 명백하게 드러났습니다. 원고는 당나라 군대에서 활발히 활동하다가 오로지 신라인을 위해 자신의 지위도 내버린 채 신라로 돌아왔습니다. 권력이나 돈을 좇아서가 아니라 오로지 나라를 생각하고 해적을 물리치고자 하는 신념 때문이었습니다. 원고는 '인간주의'에 충실한 인물이었던 것입니다. 아, 휴머니즘! 이 얼마나 아름다운 명분입니까?

교과서에는

▶▶ 당나라에서 무령군 소장이 된 장보고는 많은 신라인이 해적에게 잡혀 노예가 되는 것을 목격했습니다. 이를 그냥 두고 볼 수 없었던 장보고는 해적을 막기 위해 신라로 돌아왔지요.

왜 장보고를 바다의 왕자라고 부를까?

김딴지 변호사가 마치 웅변하듯이 두 팔을 벌려 장보고의 인간주의를 강조하자 판사가 제지하고 나섰다.

판사 원고 측 변호인, 여기는 웅변 대회장이 아닙니다. 감정에 호소하지 말고 차분하게 변론할 수 없습니까?

김딴지 변호사 아, 죄송합니다. 제가 너무 감동한 나머지…….

이대로 변호사 판사님, 원고 측 변호인이 제정신을 차리는 동안 제가 원고에게 몇 가지 질문하고 싶습니다.

판사 그렇게 하세요.

이대로 변호사 원고의 고향은 어디입니까?

장보고 고향이라…….

이대로 변호사 태어난 곳이 어딘지도 모르는 겁니까?

장보고 청해진이 내 마음의 고향이라고 해 둡시다.

이대로 변호사 원고가 변방의 섬사람이라는 『삼국사기』의 기록이 틀린 것이 아니군요. 원고는 당나라에서 군인으로 활동했다고 하는데요. 구체적으로 어떤 일을 했습니까?

장보고 군인이 하는 일이 뭐 별다른 게 있나요. 그저 명령을 받는 대로 싸우면 그만인 거죠.

이대로 변호사 제대로 말을 못하는 걸 보니 뭔가 찔리는 게 있는 모양이군요. 판사님, 그리고 배심원 여러분, 당나라에서 원고가 속해 있었던 무령군은 제나라를 멸망시키는 데 앞장섰던 군대입니다.

판사 제나라요? 처음 들어 보는 나라인데요.

안녹산의 난

755년부터 763년까지 9년간 당나라에서 일어났던 반란입니다. 안녹산과 사사명이 주도하여 벌어진 반란이라 안사의 난이라고도 부르지요. 이 반란으로 인해 당나라는 중앙 집권 체제가 흔들리게 되었습니다.

이대로 변호사　제나라는 고구려 유민들이 세운 나라입니다. 고구려 유민인 이정기는 761년 말, 랴오시에서 산둥으로 무려 2만 명의 군사를 이끌고 이주했습니다. 그는 '안녹산의 난'을 진압한 공로를 인정받아서 산둥 반도를 다스리는 절도사가 되었지요. 이후에 이정기는 세력을 점점 키워서 산둥 지역의 10개 주를 모두 통치했습니다. 그러고도 계속 군사력을 키우더니 급기야는 당나라 중앙 정부마저 심각하게 위협했지요.

판사　오호, 당나라 정부가 가만히 두고 보지 않았겠군요.

이대로 변호사　그렇습니다. 결국 제나라는 당나라 중앙 정부와 전쟁을 벌였고, 대를 이어 가면서 갈등을 벌이다가 이정기의 손자인 이사도가 군대를 이끌 때 멸망하고 말았습니다. 그때가 819년으로 산둥을 지배한 지 55년 만의 일이었지요. 그리고 그때 제나라를 무너뜨릴 때 선봉에 섰던 군대가 바로 원고가 속했던 무령군이었습니다.

　　이대로 변호사는 장보고를 한 번 쳐다본 후 말을 이었다.

이대로 변호사　판사님, 고구려 유민들이 55년간이나 산둥을 지배했다는 말에 많이 놀라셨을 겁니다. 그런데 이런 제나라를 무너뜨린 장본인이 바로 원고, 장보고입니다. 원고는 제나라와 전투를 벌이면서 혁혁한 공을 세웠습니다. 그 덕에 군중소장까지 승진했지요. 다시 원고에게 질문하겠습니다. 원고는 제나라가 고구려 유민들이 주축이 된 나라라는 사실을 알고 있었습니까?

장보고　　네, 알고 있었습니다.

이대로 변호사　　원고는 제나라를 무너뜨리는 데 공을 세우고 군대에서 승진했지요. 같은 동포를 무너뜨리고 승진을 한 기분이 어땠습니까?

장보고　　솔직히 말하면 그들과 같은 동포라는 생각은 별로 하지 않았습니다. 내가 살던 시대에는 민족이라는 말도 없었고, 오랫동안 신라와 고구려는 서로 전쟁을 벌였지요. 또 고구려를 멸망시킨 것이 신라니 고구려 유민들과 신라 사람들은 사이가 별로 좋지 않았어요. 그래서 그들이 동족이고 또 생사를 함께해야 한다는 생각은 전혀 하지 않았습니다. 그리고 더 정확하게 말하면 제나라는 고구려 유민만으로 이루어진 나라가 아니었고요.

이대로 변호사　　어쨌든 원고는 같은 동포인 고구려 유민들을 공격한 것 아닙니까? 판사님, 배심원 여러분, 방금 들으신 대로 원고 장보고는 동족 의식이나 대의에 별 관심이 없었습니다. 그는 자기 야망을 실현하기에 바쁜 출세주의자였습니다.

김딴지 변호사　　판사님, 지금 피고 측 변호인은 궤변을 늘어놓고 있습니다. 신라 사람인 원고가 고구려 유민들, 그것도 일부가 포함된 제나라를 무너뜨린 것이 뭐가 그리 잘못이란 말입니까? 또 원고는 군인이었기 때문에 상부의 명령을 따를 수밖에 없었습니다.

판사　　그 말도 일리가 있군요. 제나라에 관련된 이야기는 그만하도록 하죠.

이대로 변호사　　판사님 뜻이 그러시다면 다른 질문을 하겠습니다. 원고는 피고가 아버지와 함께 청해진에 도망쳐 왔을 때 자신의 딸을 피고와 혼인시키기로 했습니다. 그런데 제가 궁금한 것은 원고의 딸도 피고와 혼인하기를 원했는가 하는 겁니다.

장보고　　생각을 분명하게 물어본 적은 없지만 내 여식도 싫지는 않았을 거요. 비록 도망 온 처지이기는 하지만 피고는 어쩌면 왕이 될 수도 있는 인물이었으니까요.

이대로 변호사　　물어본 적이 없다고요? 그럼 원고는 딸의 생각은 묻지도 않은 채 오로지 자신의 권력을 위해 딸을 이용한 것이군요. 원고가 그토록 주장하는 인간주의가 정작 딸에게는 적용되지 않았다니, 이거 참 우습군요.

　　이대로 변호사의 말에 흥분한 김딴지 변호사가 급히 자리에서 일어났지만 판사가 이를 막았다. 그리고 이대로 변호사에게 신문을 계속하라는 눈짓을 보냈다.

이대로 변호사　　원고는 신라로 귀국한 후에 흥덕왕의 도움으로 청해진의 대사가 될 수 있었습니다. 흥덕왕은 친히 군사도 내려 주었지요. 흥덕왕이 변방의 섬사람인 원고에게 그런 파격적인 대우를 해준 것은 그 군대와 지위로 해적들을 소탕하라는 뜻이었습니다. 그런데 원고는 흥덕왕의 뜻을 귀담아듣지 않았지요?

장보고　　대체 지금 무슨 말을 하고 싶은 거요?

이대로 변호사　　청해진에 소속된 군사들은 흥덕왕이 준 것처럼 되어 있습니다. 하지만 실제로 중앙에서 파견된 병력은 얼마 되지 않았고 대부분 지방군이었습니다. 게다가 현지 바다 사정을 잘 아는 백성이 합세하여 반관반민(半官半民)의 군대를 구성했습니다. 즉 청해진이 보유한 1만 병력은 애초부터 정부의 통제가 불가능한 일종의 사병 집단이었습니다. 원고는 청해진에서 자신의 군대를 키우고 있었던 것이지요.

장보고　　해적을 소탕하기 위해 백성을 훈련시킨 것뿐이오. 그게 뭐 어쨌다는 겁니까? 오히려 군대를 늘렸으니 내가 잘한 일이 아닙니까?

이대로 변호사　　하지만 원고는 그 군대를 가지고 반역을 일으켰지요. 왕실에서 준 군대를 사병으로 만든 것도 모자라 그 군대를 이용하여 왕실을 공격한 것 아닙니까?

장보고　　허, 내가 누구 때문에 왕실을 공격했는데 그런 말을 합니까? 바로 당신 의뢰인인 문성왕과 그 아버지 김우징 때문 아닙니까?

이대로 변호사　　제 의뢰인과 김우징은 당시 왕족들 간에 벌어진 싸움에서 살아남기 위해 어쩔 수 없는 선택을 한 것뿐입니다. 하지만 원고는 보잘것없는 자신의 신분을 상승시키고 권력을 얻기 위해 불안한 처지에 빠진 원고를 이용했습니다. 어디 그뿐입니까? 자신의 딸까지 그 욕심 때문에 희생시켰지요. 이런 원고가 어떻게 인간주의를 중요하게 생각했다는 건지 저는 알 도리가 없습니다.

왜 장보고를 바다의 왕자라고 부를까?

김딴지 변호사가 이의를 제기하러 앞으로 나오려는데 갑자기 장보고가 땅을 치며 통곡하기 시작했다. 갑작스러운 장보고의 울음에 판사도 양측 변호사도 모두 어리둥절해 있는 사이 기자들은 요란하게 플래시를 터뜨리며 사진을 찍어 댔다.

장보고   아이고, 오갈 데 없는 신세가 된 부자를 거두어서 먹여 주고 재워 주고 군대까지 빌려 줬는데 이런 억울할 데가 있나.

판사   원고, 진정하세요. 법정에서 이러면 곤란합니다. 경위! 저기 사진 찍는 기자를 얼른 끌어내요.

장보고   내 딸이 좋다고 할 때는 언제고 이제 와서 나를 딸을 이용해 먹은 나쁜 아버지라고 매도하다니…… 아이고, 억울해.

판사   이거 아무래도 원고가 쉽게 진정될 것 같지 않군요. 부득이하게 오늘 재판은 여기서 마쳐야 할 것 같습니다. 다음 재판에서 오늘 못다 한 이야기를 마저 합시다. 허, 이거 참.

땅, 땅, 땅!

신라 말기,
교종에서 선종으로!

교종과 선종은 모두 불교의 한 종파입니다. 교종과 선종은 수행하는 방법이 크게 다른데요. 교종에서 불교 경전을 열심히 읽어서 깨달음을 추구하는 것과 달리 선종에선 경전을 읽기보다는 구체적인 실천 수행을 통해 깨달음을 얻는 것을 중요하게 생각했지요. 선종이 처음 신라에 들어온 것은 784년인 선덕왕 때인데, 선종이 들어온 후에도 이미 들어와 있던 교종의 세력이 더 컸습니다. 하지만 신라 말기에 지방에서 호족 세력이 일어나면서 선종도 그 기반을 넓혔지요.

특히 호족 세력은 선종을 매우 좋아했는데요. 경전이라는 기존의 권위에 기대지 않고 각자 깨달아 부처가 될 수 있다고 하는 선종의 가르침은 왕권에서 독립하여 독자적인 세력을 추구하던 호족의 특성과 잘 맞아떨어졌지요. 게다가 호족은 대부분 무사 출신이었기 때문에 경전을 읽어야 하는 교종보다는 선종을 더 매력적으로 여겼습니다. 그래서 선종은 호족의 이념적인 지주가 되었습니다.

다알지 기자

　안녕하세요. 역사공화국 법정 뉴스의 다알지 기자입니다. 저는 지금 장보고와 문성왕의 재판이 열린 한국사법정 앞에 와 있습니다. 법정은 신라와 당나라, 일본, 심지어 멀리 아라비아 사람들의 영혼으로 가득 차 있습니다. 오늘 재판에서 장보고는 대성통곡을 하여 모두를 놀라게 했는데요. 저, 다알지 기자가 그 순간을 놓치지 않고 사진을 찍어 두었습니다. 재판을 미처 방청하지 못한 분들은 사진을 보며 그 생생한 현장을 느껴 보시기 바랍니다. 재판 첫째 날의 주요 쟁점 사항은 장보고를 암살하라고 명령을 내린 것이 누구냐 하는 것이었는데요. 원고 측은 『삼국사기』의 기록을 증거로 들고 나와 피고 문성왕이 명령을 내렸다고 주장했습니다. 이에 대해 피고 측은 중앙 귀족들이 장보고를 견제하여 암살하라는 명령을 내린 것이라고 대응했지요. 이외에도 다양한 이야기가 재판 과정 내내 펼쳐졌는데요. 양측 변호인을 만나서 자세한 이야기를 들어 보겠습니다.

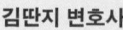

김딴지 변호사

　　이번 재판의 피고인 문성왕은 은혜를 원수로 갚았습니다. 왕족들 간의 다툼을 피해 청해진으로 도망쳐 왔을 때 원고 장보고가 얼마나 잘해 줬는데요. 그런데 문성왕은 장보고의 딸과 혼인을 하겠다던 약속조차 지키지 않았지요. 귀족들이 그 혼인을 반대했다고 하지만 왕이 강력하게 밀어붙이면 불가능한 일이 있겠습니까? 다 핑계일 뿐이라고요. 그에 비해 원고는 신라에서 자신의 꿈을 펼칠 수 없어서 당나라에 갔다가 해적에게 신라 백성들이 붙잡혀 오는 것을 보고 해적을 소탕하러 다시 신라로 돌아온 인물입니다. 정말 두 사람이 비교되지 않습니까? 재판의 결과는 이미 나온 거나 마찬가지라고요.

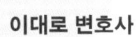

이대로 변호사

원고 장보고는 야심이 큰 인물입니다. 그리고 자신의 야망을 이루기 위해서는 수단과 방법을 가리지 않지요. 흥덕왕이 준 군대를 자신의 사병처럼 만들고, 피고와 피고의 아버지를 도운 것도 모두 자신의 권력과 신분 상승을 위한 것이었어요. 게다가 자기 딸에게 의견을 물어보지도 않고 문성왕에게 혼인시키겠다고 약속하지 않았습니까? 그뿐만이 아닙니다. 당나라에 있을 때는 고구려 유민들이 세운 제나라를 무너뜨리는 데 앞장섰지요. 그 공으로 높은 지위에까지 올랐다니까요. 그동안 세상 사람들은 장보고를 바다의 왕자, 해상왕이라고 치켜세우기만 했는데, 이번 기회에 내가 장보고의 실체를 낱낱이 밝히겠습니다. 기대해 주세요.

장보고는 혁명을 꿈꿨을까?

1. 당시 신라 사회는 어땠을까?
2. 바다에서 약탈하던 해적

교과연계

한국사
I. 우리 역사의 형성과 고대 국가
  4. 남북국으로 나뉘어 발전하다
    (3) 남북국, 활발한 국제 교류를 통해 발전하다

당시 신라 사회는
어땠을까?

장보고와 문성왕의 두 번째 재판이 열리는 날, 한국사법정 앞은 새벽부터 재판을 방청하려는 영혼들로 북적였다. 법정 뉴스에 장보고가 대성통곡하는 장면이 특종으로 보도된 후 너도 나도 재판을 보겠다며 법정으로 몰려든 것이다.

"사람 정말 많다. 조금만 늦게 도착했으면 못 들어올 뻔했어."

"그러게 말이야. 난 오늘 장보고 님이 또 우실까 봐 손수건도 챙겨 왔어."

소란스럽던 법정이 판사가 등장하자 순식간에 조용해졌다.

판사 　두 번째 재판을 시작하겠습니다. 재판을 지켜보는 눈이 많은 만큼 원고 측과 피고 측은 모두 성심성의껏 재판에 임하세요. 원

고 측 변호인부터 시작해 볼까요?

김딴지 변호사　　네, 판사님. 지난번 재판에서 피고 측은 원고가 신라 왕실을 공격한 것을 근거로 원고를 권력만 탐하는 인물로 매도했습니다. 청해진으로 도망 온 피고 문성왕을 이용해 자신의 권력을 키우려고 했다는 것이지요. 하지만 장보고는 권력을 얻으려고 문성왕과 함께 신라 왕실을 공격한 것이 아닙니다. 만약 그랬다면 김우징이 왕위에 오른 후 다시 청해진으로 내려가지 않았겠지요. 장보고가 신라 왕실을 공격한 진짜 이유는 다른 데 있습니다. 바로 그가 신라 사회를 바꾸고 싶어 했기 때문입니다.

　　김딴지 변호사의 말에 방청석이 술렁이자 판사가 조용히 하라는 뜻으로 법봉을 내리쳤다.

판사　　신라 사회를 바꾸고 싶어 했다니 그게 무슨 말입니까?

김딴지 변호사　　그것을 설명하기 위해 신라의 학자인 증인 최치원을 불러 주시기 바랍니다.

판사　　좋습니다. 증인 최치원은 증인석으로 나오세요.

　　판사의 말에 최치원이 성큼성큼 증인석으로 가 자리에 앉았다. 한 손을 들어 선서를 마친 최치원에게 김딴지 변호사가 다가갔다.

김딴지 변호사　　나와 주셔서 고맙습니다. 우선 자기소개부터 해 주실까요?

최치원　나는 신라의 학자 최치원입니다. 신라에는 골품 제도라는 신분 제도가 있었는데 나는 그중 6두품에 해당했어요. 6두품은 두품 중에서는 가장 높았지만 진골 귀족과는 크게 차별을 받았습니다. 나는 진골 귀족이 아니었던지라 일찍이 당나라로 유학을 떠났지요. 당나라에서 열심히 공부해서 빈공과에 장원 급제 한 후에는 관직에 등용되었어요. 하지만 신라에서 내 꿈을 펼치고 싶은 마음에 다시 신라에 돌아왔습니다. ▶귀국한 후에는 당시 신라의 임금이던 진성 여왕에게 시무 10조라는 개혁안을 냈지만 귀족들의 격렬한 반대로 결국 실패하고 말았지요.

김딴지 변호사　사실 증인은 원고와 같은 시대 사람은 아닙니다. 원고가 죽은 이후에 태어난 분이지요. 하지만 제가 최치원 씨를 증인으로 부른 이유는 증인의 행적이 원고와 너무나 비슷해서입니다. 원고와 증인은 모두 젊은 시절 당나라로 건너갔다가 신라를 위해 다시 돌아옵니다. 그런데 증인, 그 무렵에는 신라 사람들이 당나라로 많이 건너갔나요?

최치원　신라는 골품제 사회였어요. 진골 귀족이 아니면 아무리 똑똑한 사람이라도 출세하기 힘들었지요. 그래서 실력이 뛰어난 6두품들이 당나라로 유학을 가는 경우가 많았어요. 혹시 김 변호사는 설계두라는 사람에 대해 아시나요?

김딴지 변호사　　설계두요? 처음 들어 보는 이름인데요.

최치원　　설계두는 신라의 청년입니다. 나와 같은 6두품이었지요. 설계두는 높은 지위에 올라갈 수 없는 자신의 처지를 억울하게 여겨 당나라로 건너갔어요. 그리고 645년, 당태종이 고구려를 공격하는 데 공을 세우고 전사해서 당나라의 공신이 되었습니다. 설계두의 예만 보아도 신라 사회에서 나 같은 6두품이나 호족이 큰 꿈을 펼치기가 얼마나 어려웠는지 잘 알 수 있지요.

김딴지 변호사　　증인도 살아 있을 때 마음고생이 많았겠군요. 그럼 당시 나라를 다스리던 진골 귀족들은 어땠나요? 정치를 잘했나요?

최치원　　말도 마세요. 진골 귀족들은 왕위 다툼에 정신이 없었어요. 서로 왕이 되기 위해 죽고 죽이는 일이 계속되었지요. 780년에 제36대 왕인 혜공왕이 피살당한 후로 155년 동안 무려 20명의 왕이 교체되었어요. 이런 상황에서 진골 귀족들이 나라를 제대로 다스릴 수 있었겠습니까?

김딴지 변호사　　증인의 말을 정리해 보면, ▶당시 신라 사회에서 6두품이나 호족은 높은 지위에 올라갈 수 없었고 진골 귀족만이 왕이나 높은 관직에 오를 수 있었습니다. 그런데 나라를 다스려야 할 진골 귀족들은 정치는 뒷전이고 왕위 다툼에만 매달려 있었다는 것이군요.

최치원　　그래요. 나는 그런 신라 사회가 너무나 답답하여 결국 내 꿈을 펼치지도 못하고 전국을 유랑하다가 생을

왜 장보고를 바다의 왕자라고 부를까?

마감했답니다.

김딴지 변호사   그럼 6두품처럼 높은 지위에 오를 수 없었던 호족
출신인 원고 또한 증인과 마찬가지로 답답함을 느꼈겠군요.

최치원   뭐, 그랬을 수도 있지요.

이대로 변호사   이의 있습니다. 원고 측 변호인은 지금 증인에게 추측성 답변을 강요하고 있습니다.

판사 받아들입니다. 원고 측 변호인은 주의하세요.

김딴지 변호사 네, 주의하겠습니다. 지금까지 나온 증인의 증언만으로도 신라 사회에서 원고 장보고가 느꼈을 무력감을 판사님과 배심원 여러분도 충분히 느꼈을 것이라고 봅니다. 이상으로 신문을 마치겠습니다.

판사 피고 측에서도 증인을 신문하겠습니까?

이대로 변호사 네, 판사님. 저는 간단히 몇 가지만 묻겠습니다. 증인은 피고가 왕위에 오른 후 원고가 '진해장군'이라는 지위를 받은 것을 알고 있습니까?

최치원 네, 들어서 알고 있습니다.

이대로 변호사 ·아까 증인은 신라 사회가 엄격한 신분 사회였다고 했는데요. 그럼 장군은 진골 귀족이 아니어도 오를 수 있는 지위였나요?

최치원 아닙니다. 원칙적으로 진골 귀족이 아닌 장보고는 장군이 될 수 없지요.

이대로 변호사 판사님, 그리고 배심원 여러분, 방금 증인의 증언을 모두 들으셨지요? 원고는 호족 출신임에도 '진해장군'이라는 높은 지위에까지 오른 인물입니다. 이런 큰 힘을 가진 원고가 신분의 벽을 비관하고 신라 사회를 바꾸려고 했다는 것이 과연 사실일까요? 그는 이미 신라 사회에서 높은 지위를 차지하고 있었습니다. 그렇기 때문에 『삼국사기』에도 피고가 자신의 딸을 받아들이지 않자 원고가 '반란'을 일으켰다고 적혀 있는 것입니다. 원고는 혁명이 아닌 반역을 꾀한 인물입니다.

판사 양측 변호인의 주장이 각각 무엇인지는 잘 알겠습니다. 원고가 피고를 도와 신라 왕실을 공격한 것이 혁명인지 반역인지에 대해 양측의 주장이 갈리는군요.

김딴지 변호사 판사님, 원고의 행동을 이해하기 위해서는 당시 신라 백성의 삶을 살펴봐야만 합니다. 증인 나재당을 불러 주시기 바랍니다.

판사 백성의 삶이라…… 좋습니다. 증인은 앞으로 나오세요.

허름한 옷차림의 증인이 앞으로 걸어 나오다가 장보고를 보고는 꾸벅 절을 했다. 장보고는 온화한 웃음을 지으며 증인을 향해 손을 흔들었다.

김딴지 변호사 증인으로 나와 주셔서 감사합니다. 우선 자기소개를 해 주세요.

나재당 안녕하십니까. 나는 신라 사람이었던 나재당이라고 합니다. 평민으로 태어나 가난하게 살다가 배고픔을 참지 못하고 당나라로 이주했지요. 이후 평생을 당나라에서 살았는데 우리 같은 사람들을 재당 신라인이라고 부른답니다.

김딴지 변호사 신라에서 살던 당시의 삶에 대해 이야기해 주시겠어요?

나재당 　▸당시 신라에는 흉년이 계속되었습니다. 나같이 가난한 백성은 살기가 너무 힘들었어요. 농민들은 늘 먹을 것이 부족했고, 그들 가운데 더 이상 견딜 수 없었던 사람들은 마침내 생명을 던지면서 항쟁을 시작했습니다. 정말 얼마나 살기 힘들었는지 몰라요.

김딴지 변호사 　증인도 신라에서 살기가 힘들어서 당나라로 이주했다고 했지요?

나재당 　네. 나 말고도 수많은 젊은이들과 농민들이 기러기처럼 고향을 떠나 기약도 없이 당나라로 이민을 갔습니다. 우리 마을에서도 아마 여러 집이 떠났을걸요. 대부분 야반도주를 했기 때문에 작별 인사도 못했답니다. 어떤 바닷가 마을에서는 동네 하나가 통째로 비었다고 하더군요.

김딴지 변호사 　당나라로 이주할 당시의 상황에 대해서도 설명해 주세요.

나재당 　아유, 말도 마세요. 당나라까지 가는 것도 보통 일이 아니었답니다. 작고 허술한 배로 바다를 건너다 엉뚱한 데로 흘러가기 일쑤였고, 배가 부서져서 가족을 잃은 사람도 많았지요. 그러다가 운 좋게 당나라에 도착하면 당나라 사람들에게 공격을 받거나 약탈당했지요. 살아남은 사람들은 고향에서 온 일가친척을 찾아가는 경우도 있고, 먼저 당나라에 온 신라 사람에게 무조건 달려가 얹혀살기도 했어요. 나도 다행히 마음씨 좋은 신라 사람을 만나 겨우 목숨을 건졌지요. 그러다 보니 어느덧 신라 사람들이 모여 사는

교과서에는

▶ 신라 말기에 이르자 귀족이나 호족들은 농민에게서 토지를 빼앗아 땅을 늘려 나갔습니다. 토지가 없는 농민은 다른 사람의 땅에서 일하거나 노비, 유랑민, 때로는 도적이 되었지요. 이런 때에 흉년이 들고 전염병마저 돌아서 농민들의 생활은 더 어려워졌습니다.

동네가 당나라에도 제법 여러 곳이 되었습니다.

김딴지 변호사 증인은 당나라에서 무슨 일을 하면서 먹고살았나요?

나재당 우린 정말 어렵게 살았어요. 한때는 고향을 버린 것을 후회하기도 했지만, 이게 운명이려니 하고 체념했지요. 나는 원래 신라에서는 농사를 지었지만 당나라에는 내 땅이 없으니 날품팔이 노동을 하거나 당나라 사람의 논밭에 가서 일해 주고 밥을 얻어먹었어요. 그러다가 나는 밥장사를 시작했습니다.

김딴지 변호사   다른 재당 신라인들은 주로 무슨 일을 했습니까?

나재당   여러 가지 일을 했지요. 손재주가 있는 사람들은 배를 만드는 조선업에 참여하기도 했고, 화물을 운송하기도 했어요. 화물 운송업이 품삯이 조금 많았거든요. 지금의 중국 장쑤 성인 해주 동 해현에는 숙성촌이라는 마을이 있었는데, 이 마을에 사는 재당 신라인들은 소금이나 숯을 구워서 배에 싣고 먼 곳까지 나가 장사를 하곤 했지요. 정말 별별 일을 다 했어요. 나중에는 사람들을 해외로 실어다 주는 국제 운송업까지 했다니까요.

김딴지 변호사   정말 갖은 고생을 하셨군요. 이쯤에서 제가 조금 보충 설명을 하겠습니다. 『삼국사기』를 보면 816년, 신라에 흉년이 계속되자 굶주림을 견디다 못한 농민 170여 명이 양쯔 강 하류 유역인 절동 지방으로 건너갔다는 내용이 나옵니다. 같은 기록이 당나라의 역사를 기록한 『구당서』에도 있습니다. 그만큼 신라인의 기아와 대량 난민 사태가 당시 큰 문제가 되었던 것입니다.

판사   흐음, 재당 신라인에 대해 이렇게 자세히 들은 것은 처음이군요.

김딴지 변호사   당나라뿐만이 아닙니다. 일본으로도 많은 신라 백성이 건너갔습니다. 813년 3월에는 신라인 110명이 일본에 귀화했고, 816년 10월에는 180명이 역시 일본으로 이민을 갔습니다. 이외에도 일본에 귀화한 신라 백성은 셀 수 없이 많았지요. 이들 모두 굶주림을 견딜 수가 없어서 신라를 버리고 이민을 간 것입니다. 원고 장보고는 바로 이런 백성의 삶을 안타까워한 것이고요.

장보고는 당시를 떠올리는지 눈을 지그시 감은 채 생각에 잠겼다.

김딴지 변호사 　도성에서 왕위 쟁탈전만 벌이는 귀족들과는 달리 청해진에 있던 원고는 이런 백성의 삶을 누구보다 가까이에서 볼 수 있었습니다. 또 당나라에 있을 때도 재당 신라인들의 처지에 대해서 고민하였지요. 신라는 타고난 핏줄 덕분에 권력과 경제를 장악한 진골 귀족만을 위한 나라가 아닙니다. 그리고 혁명이란 꼭 거창한 명분을 만들어야만 그럴듯해지는 것도 아니고요. 가장 소중한 인권은 바로 가난을 해결하는 것이며, 이것이야말로 가장 멋진 혁명이 아닐까요? 이상입니다.

2 바다에서 약탈하던 해적

이대로 변호사   판사님, 저는 나재당 증인을 반대 신문 하는 대신 저희 측 증인을 신문하고 싶습니다.

판사   피고 측에서 신청한 증인이라면, 해적 출신 막돌을 말하는 군요. 알겠습니다. 증인은 앞으로 나오세요.

해적 막돌이 등장하자 사람들의 표정에 긴장감이 돌았다. 법정 안에는 뚜벅뚜벅 걷는 막돌의 발소리만 들릴 뿐 방청객들은 숨을 죽였다. 이윽고 '쿵' 소리를 내며 해적이 증인석에 섰다.

이대로 변호사   법정에 서는 일이 쉽지 않았을 텐데 어려운 발걸음을 해 주셔서 감사합니다.

막돌　별말씀을요. 내가 생전에 비록 해적이었지만 그렇다고 역사 공화국 법정에 못 올 이유는 없지요.

이대로 변호사　그런데 막돌 씨는 성이 무엇인가요?

막돌　우리 같은 사람들에게 어디 성이 있습니까? 재판의 원고인 장보고도 사실은 성이 없다고 들었는데요. 당시 우리도 원고를 그냥 궁복이라고만 불렀지 장보고라고는 잘 부르지 않았어요.

이대로 변호사　그렇군요. 해적들은 주로 무슨 일을 했는지 설명해 주시겠어요?

막돌　주로 바다를 다니면서 도적질을 했지요. 값나가는 물건들을 약탈해서 일부는 우리가 쓰고, 나머지 돈 될 만한 것은 헐값에 팔아 넘겼지요.

이대로 변호사　주로 어떤 물건을 약탈하고 팔았나요?

막돌　별별 게 다 있었지만, 그래도 가장 돈이 되는 건 역시 사람 이었지요.

이대로 변호사　그럼 사람을 납치해서 노예로 팔아넘겼다는 말인 가요?

막돌　그렇습니다. 하지만 그 외에 무역이라고 부를 수 있을 정도로 대규모의 장사를 하기도 했지요. 물론 공개적으로 말한 바는 없지만 그 사업에는 금성에 사는 신라의 귀족들도 적지 않게 연루되어 있었어요.

이대로 변호사　귀족들이 해적과 관계가 있었다고요?

막돌　그때 신라에서는 왕족과 귀족들이 공방을 운영하면서 물건을 생산했어요. 그 물건들을 누군가는 가져다가 팔아야 했거든요. 또 신기하고 값비싼 외국 사치품을 거래하면 돈을 많이 벌 수 있잖아요. 그래서 귀족들은 우리와 비밀리에 접선하면서 돈을 벌기도 했고, 때로는 우리를 돌봐 주기도 했지요. 그러니까 우리는 바다를 오가며 귀족들과 외국인 사이에 다리를 놓아 준 셈이지요.

왜 장보고를 바다의 왕자라고 부를까?

이대로 변호사   나쁘게 말하면 해적이지만 좋게 말하면 무장한 바다의 상인이라고 볼 수도 있겠군요.

막돌   맞습니다. 장보고도 이런 사실을 모두 알고 있었답니다. 사실 크게 보면 장보고도 우리 같은 장사꾼이거든요. 다만 규모가 크고, 공식적이고, 명분이 그럴듯한 것뿐이었죠. 우리 같은 해적들을 토벌한다는 명분이 없었다면 장보고는 존재하지 못했을 겁니다. 알고 보면 장보고는 우리 해적들에게 고마워해야 한다는 말이지요.

이대로 변호사   증언 감사합니다. 판사님, 그리고 배심원 여러분, 방금 증인 막돌의 증언으로 알 수 있듯이 원고는 해적을 토벌할 명분을 가진 장사꾼에 불과했습니다. 그리고 실제로 해적들과 마찬가지로 국제 무역을 했고요. 게다가 이미 식읍을 2000호나 받아 대토지를 소유하게 되었습니다. 정말 막강한 재력을 가진 것이지요. 경제적인 면에서는 왕도 부럽지 않았을 겁니다. 그런데 이런 원고가 백성을 위해 신라 사회를 바꾸고 싶어 했다고 주장하는 것은 무리가 있지 않겠습니까?

이대로 변호사가 막돌을 신문하는 것을 지켜보던 김딴지 변호사가 어이가 없다는 표정을 지으며 자리에서 일어섰다.

김딴지 변호사   듣자 듣자 하니 정말 어이가 없군요. 어떻게 우리 원고와 해적이 비슷하다는 겁니까? 판사님, 이번에는 제가 증인을 신문할 수 있도록 해 주십시오.

판사 허락합니다.

김딴지 변호사 증인은 생전에 원고와 어떤 관계였습니까?

막돌 당연한 걸 왜 묻습니까? 당연히 사이가 안 좋았지요.

김딴지 변호사 그럼 해적 일을 하면서 벌이가 가장 안 좋았을 때는 언제였나요?

막돌 ▶음, 아무래도 청해진이 세워진 뒤 우리 해적들의 입지가 좁아지긴 했지요. 사실 장보고가 활동할 때 우리는 조용히 지낼 수밖에 없었어요. 그저 작은 동네 배나 털고 좀도둑질을 하는 정도였으니까요. 그런데 841년에 그가 갑자기 암살당했다는 소식이 해적들 사이에 확 퍼지더군요. 우리에게 바다는 정보의 고속도로나 마찬가지랍니다. 우리 해적들은 그 소식을 듣고 다시 활개를 쳤지요.

김딴지 변호사 방금 증인은 분명 원고가 활동할 때 해적질을 제대로 할 수 없었다고 했지요? 이는 증인이 좀 전에 한 증언을 뒤엎는 말입니다.

막돌 네? 무슨 말씀인지…….

김딴지 변호사 증인은 좀 전에 피고 측 변호인에게 원고나 당신네 해적이나 모두 장사꾼이라고 증언했습니다. 하지만 방금 증인의 증언 덕에 원고가 장사꾼이기 이전에 해적 토벌의 목적을 가지고 있었다는 것이 밝혀진 것이지요. 즉, 장사꾼인 원고가 혁명을 꿈꿀 리 없다는 피고 측 변호인의 논리가 무너진 것입니다.

김딴지 변호사의 말에 장보고가 흡족한 듯이 미소를 지으며 고개를 끄덕였다. 반면 문성왕은 불안한 얼굴로 이대로 변호사를 바라보았다.

김딴지 변호사 판사님, 어젯밤 어떤 사람이 제 사무실에 찾아왔습니다. 이 재판이 열린다는 사실을 뉴스에서 보고 한달음에 달려왔다고 하더군요. 그 사람은 제 손을 꼭 잡고는 자신들의 말을 꼭 판사님께 전해 달라고 간청했습니다. 그 사람은 바로 해적들에게 잡혀 노예로 팔렸다가 원고 덕에 구출된 사람이었습니다.

판사 어떤 말을 전해 달라고 했나요?

김딴지 변호사 그는 편지를 전달하고 싶어 했지만 글을 쓸 줄 모른다며 안타까워했습니다. 그래서 제가 그의 편지를 대신 써 주었지요. 이 자리에서 그 편지를 읽고 싶습니다. 재판에 중요한 자료가 될 것이라고 생각합니다.

판사 어디 한번 들어 봅시다.

김딴지 변호사가 몇 장의 종이를 꺼내더니 들고 읽기 시작했다.

김딴지 변호사 고맙습니다. 그럼 읽겠습니다.

안녕하십니까. 나는 해적들에게 납치되어 노예로 팔려 가다가 다행히 장보고 대사님의 배를 만나 구출되었습니다. 그때 나와 함께 잡혀 있던 사람들은 모두 장보고 대사님 덕에 생명을 구하고 삶을 되찾았지요. 전에는 사는 게 너무 힘들었는데 장보고 대사님을 따라간 곳에서 비로소 사람 사는 것처럼 살게 되었습니다.

그곳의 이름이 청해진이라는 것을 알았을 때 우리는 환호했습니다. 청해(淸海)란 바다를 맑고 깨끗하게 만든다는 의미 아닙니까? 해적들을 소탕하여 바다를 안전하게 만들고, 또 한편으로는 정의를 세워 부정과 부패, 인간 차별이 없는 맑은 세상을 만들겠다는 장보고 대사님의 의지가 들어간 이름이지요. 우리는 힘을 모아 세상을 맑게 만들고 싶었고, 장보고 대사님은 우리에게 그런 자격을 주었습니다.

비록 장보고 대사님이 암살당하면서 그가 꿈꾸던 새로운 세상이 실현되지는 못했지만, 그래도 우리들 마음속에는 언제나 대사님의 이상과 열정이 숨 쉬고 있습니다. 부디 이번 재판에서 장보고 대사님이 승소하시기를 바라며 저희는 다시 한 번 대사님께 감사의 인사를 전합니다.

판사님, 이상입니다.

판사 수고했습니다. 그런데 내가 궁금한 것이 하나 있어요. 원고가 죽은 후 청해진에 살던 사람들은 어떻게 되었나요? 이번 재판을 맡을 때부터 궁금했는데 재판 첫째 날 갑자기 원고가 우는 바람에 그만 물어볼 기회를 놓쳤네요.

김딴지 변호사 제가 설명해 드리지요. 청해진에 남은 사람들은 대부분 김제의 벽골제로 강제 이주를 당하였지요. 또 일본에 남아 있는 기록에 따르면 남은 사람들 가운데 일부는 일본으로 망명했다고 합니다. 재당 신라인들과 조그마한 인연이라도 맺고 있었던 자들은 다시 바다 건너 당나라로 갔고요. 안타깝게도 나머지는 아마 해적이 되었을 수도 있습니다.

판사   그렇군요. 잘 들었습니다. 이번 재판엔 재당 신라인에 해적에 정말 특이한 이력을 가진 증인들이 많이 나오셨네요. 다음 재판에서는 어떤 공방이 벌어질지 벌써 기다려집니다. 오늘은 시간이 다 되었으니 이만 하기로 하지요. 다음 재판에서 다시 만납시다.

땅, 땅, 땅!

왜 막돌에게는 성이 없을까?

　지금은 누구나 성씨를 가지고 있지만 과거에는 그렇지 않았어요. 최초로 성을 갖게 된 사람들은 왕족들이었어요. 이후 고구려, 백제, 신라와 같은 고대 국가들이 정비되면서 국왕이 신하들에게 성씨를 내려 주었고, 그와 동시에 지배층을 다스리기 쉽게 나누었지요. 성씨를 가진 사람에게는 다른 사람들을 다스릴 수 있는 정치적·사회적 특권이 있었어요. 즉 어떤 사람이 이름 외에 성을 가지고 있다는 건 그 사람의 신분과 지위가 높다는 것을 의미했지요. 그래서 막돌과 같은 해적들은 성씨를 가지고 있지 않았던 겁니다. 장보고도 원래 이름은 궁복이었는데, 신라에서 장보고라는 성씨와 이름을 내렸거나 당나라에서 활동할 때 이름을 받은 것으로 추측됩니다.

　고려를 세운 왕건도 신하들에게 성씨를 내려 주었어요. 고려를 세우는 데 공을 세운 신하들이나 중앙 정치에 통합할 필요가 있는 지방의 호족들에게 자신과 같은 성씨인 왕씨를 내려 주었답니다.

신라 노비를 사고파는
것을 금하노라!

　　당나라에서는 전국적으로 노비를 사고파는 일이 벌어졌습니다. 여러 나라 사람들로 구성된 해적들이 사람을 잡아다가 노비로 파는 일이 한두 번이 아니었지요. 특히 당나라 동쪽 지역에서는 신라인들이 노비로 많이 팔렸습니다. 당나라 정부는 이를 없애기 위해 노력했는데요. 『구당서』와 『신당서』에는 당나라에서 노비를 사고파는 것을 금지하는 내용이 나와 있습니다. 821년에 평로군 절도사 설평은 해적들이 신라의 백성을 납치하여 등주나 래주(산둥 반도 해안 도시) 등 여러 곳에서 노비로 팔고 있음을 알리고 칙령을 내려 줄 것을 청원했습니다. 당나라 정부는 823년 1월에 '신라 노비'를 돌려보내라는 칙령을 내렸지요. 그럼에도 해적들이 신라 사람을 사고파는 행위는 없어지지 않았습니다. 결국 828년 10월, 당나라에 '신라 노비 매매 금지령'이 발령됩니다. 828년은 바로 장보고가 청해진을 세운 해이지요. 당나라에서 이런 금지령이 내릴 정도니 당시 해적들의 횡포가 얼마나 심했는지 짐작할 수 있겠지요?

다알지 기자

안녕하세요, 시청자 여러분. 저는 오늘도 한국사법정 앞에 나와 있습니다. 오늘 한국사법정에서는 장보고와 문성왕의 두 번째 재판이 열렸습니다. 오늘은 지난번보다 훨씬 더 많은 영혼들이 재판을 보러 왔는데요. 새벽부터 법정에 들어가기 위해 줄을 서기 시작했다고 합니다. 일부 영혼들은 방청석이 꽉 차서 들어가지 못하고 밖에서 소식을 기다리기도 했지요. 오늘 재판에는 신라의 학자 최치원과 재당 신라인인 나재당, 생전에 해적으로 활동했던 막돌이 증인으로 나왔습니다. 최치원 씨는 6두품으로서, 신라 시대에 신분 제도가 엄격하여 능력이 있어도 진골 귀족이 아니면 높은 관직에 오르지 못했다는 사실을 증언해 주었습니다. 신라인이지만 당나라에 살았던 나재당 씨와 바다에서 약탈하고 다니던 해적 막돌 씨가 어떤 증언을 했는지는 직접 만나서 들어 보겠습니다.

나재당

　　오늘 재판에 증인으로 나와 재당 신라인들의 처지를 조금이라도 알릴 수 있어서 기뻤습니다. 내가 살던 당시 신라는 가뭄과 흉년으로 백성들이 먹고살기가 정말 힘들었어요. 오죽하면 고향을 버리고 바다 건너 당나라까지 갔겠습니까? 당나라에서도 정말이지 고생을 많이 했답니다. 남의 농사를 지어 주고 품삯을 받기도 하고, 소금을 팔거나 사람들을 다른 나라에 배로 실어다 주기도 했지요. 먹고살기 위해 안 해 본 일이 없을 지경이었어요. 신라 사람들이 당나라에만 건너간 것은 아닙니다. 일본으로도 이민을 갔지요. 일본에 귀화한 사람들도 꽤 많아요. 하지만 귀족들은 팍팍하고 배고픈 신라 백성의 삶을 외면했어요. 그러니 당연히 장보고 대사님이 세상을 바꿔야겠다고 생각하지 않았겠습니까?

　왜 장보고를 바다의 왕자라고 부를까?

막돌

　당시 바다에는 나와 같은 해적들이 정말
많았습니다. 다양한 국적의 사람들이 모여 해
적 집단을 이뤘지요. 우리는 주로 신라 사람을 납
치해 당나라에 노예로 팔았습니다. 하지만 우리가 노예를 파는 일만
했던 것은 아니에요. 우리는 신라의 귀족들과도 긴밀하게 연결되어 있
었지요. 외국의 진귀한 물건들을 우리가 사 오면 신라 귀족들은 우리
에게서 그 물건들을 샀어요. 우리가 신라 귀족과 외국을 연결시켜 준
것이지요. 그런 면에서 보면 우리는 해적이라기보다 무장한 바다 상인
이라는 설명이 더 어울린답니다. 그리고 바다를 오가며 장사를 했다는
면에서 장보고는 우리와 다를 바가 없다고 생각해요.

완도에서 만나는 장보고의 흔적

동아시아의 해상 무역을 주도하였던 장보고. 그런 만큼 그가 남긴 유물을 보면 당시 통일 신라는 물론 동아시아의 유물을 미루어 짐작할 수 있어요. 완도에서 동아시아를 주름잡던 장보고의 흔적을 함께 찾아볼까요?

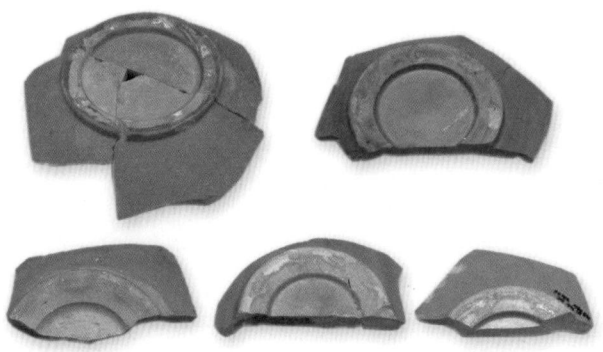

청자편

장보고는 청자 제작 기술을 보급한 것으로도 잘 알려져 있어요. 사진 속 유물은 완도에 있는 작은 섬 장도의 청해진 유적지에서 나온 청자예요. 그릇 따위의 밑바닥에 붙은 나지막한 받침을 굽이라고 하는데, 굽을 깎은 모양이 동그란 햇무리 형태를 하고 있다 하여 '햇무리굽 청자'라고 불리지요.

주름무늬병

장보고가 해상 무역의 거점으로 삼았던 청해진 유적지에서 발굴된 유물 중에는 주름무늬병이 있어요. 아래쪽과 위쪽은 좁고 가운데가 볼록하며 세로로 가느다란 선이 많이 그어져 있는 것이 특징이지요. 이 선들이 주름 무늬를 이루고 있어서 주름무늬병이라고 불린답니다.

연화문 수막새

기와의 한 종류로, 볼록 튀어나온 수키와가 쭉 이어져 형성된 기왓등의 끝에 드림새를 붙여 만든 것을 수막새라고 해요. 이런 수막새에는 여러 가지 무늬를 새겨 넣었는데, 사진 속 유물은 연꽃 모양 무늬인 연화문을 띠고 있어요. 연꽃은 불교에서 자애로움을 상징하는 꽃이기도 하지요.

출처: 완도 장보고기념관(http://changpogo.wando.go.kr)

재당 신라인 　재일 신라인

청해진은
어떤 곳이었을까?

1

청해진은
군사 기지였을까?

판사 지금부터 원고 장보고와 피고 문성왕의 마지막 재판을 시작하겠습니다. 오늘은 원고가 세운 청해진이 과연 어떤 곳이었는지에 대해 자세히 알아보도록 하지요. 원고 측과 피고 측, 어느 쪽부터 시작하겠습니까?

이대로 변호사 제가 먼저 시작하겠습니다. 청해진이 어떤 곳이었는지 밝히는 것은 이번 재판에서 아주 중요합니다. 왜냐하면 청해진은 바로 원고 장보고가 반역을 도모하며 군사를 키운 군사 기지이기 때문입니다. 원고는 청해진이 해적을 물리치고 신라의 바다를 지켜온 곳이라고 주장하지만, 사실은 그 칼끝을 중앙으로 돌리는 순간 왕실을 무너뜨릴 수도 있는 체제였습니다.

판사 증거가 있습니까?

이대로 변호사   이를 증명하기 위해 청해진 병마사를 지낸 증인 최훈을 불러 주십시오.

판사   좋습니다. 증인은 앞으로 나오세요.

증인 최훈이 나와서 증인석에 앉았다. 원고 장보고의 지휘 아래 있던 자신이 피고 측 증인으로 나왔다는 사실이 마음에 걸리는지 얼굴 표정이 불안했다.

이대로 변호사   우선 자기소개부터 해 주세요.

최훈   안녕하세요. 나는 청해진에서 병마사를 지낸 최훈이라고 합니다. 이 재판의 원고인 장보고 대사님의 부하였지요. 증언을 시작하기 전에 내가 드리고 싶은 말씀은, 내가 비록 피고 측 증인으로 나왔지만 결코 장보고 대사님을 깎아내리려는 의도는 없다는 것을 알아주십사 하는 것입니다. 청해진이라는 곳이 과연 어떤 곳이었는지를 법정에서 밝히기 위해 이 자리에 나온 나의 진심을 알아주십시오.

이대로 변호사   그럼 증인에게 질문하겠습니다. 청해진의 조직은 어떻게 구성되어 있었습니까?

최훈   청해진은 조직 내부가 마치 정부 기구와 비슷하게 짜여 있었습니다. 먼저 백성의 생활과 무역을 담당하는 민부를 두었고, 군사적인 업무 일체를 담당하는 병부를 두었습니다. 병부는 지금의 국방부와 마찬가지의 기능을 했지요. 여기에는 나 같은 병마사를 포함해 대략 1만 명의 군사가 있었습니다. 나는 청해진에서 군사 업무뿐만 아니라 항해와 무역에 관련된 일도 했지요. 일종의 민간 외교단이나 마찬가지였습니다. 청해진은 규모는 작지만 매우 효율적인 조직이었어요.

청해진의 조직에 관한 설명을 듣자 방청석 곳곳에서 감탄사가 흘러나왔다.

"청해진은 해적만 때려잡는 곳인 줄 알았는데 체계적인 조직도 갖추고 있었네."

"그러게 말이야. 민부, 병부에 외교까지…… 정말 놀라워."

방청석의 반응을 들은 이대로 변호사가 미소를 지으며 말을 이었다.

이대로 변호사　　네, 참 놀라운 일이지요. 저도 깜짝 놀랐습니다. 특히 청해진이 정부 기구와 비슷한 조직을 가지고 있었다는 사실이 놀라웠지요. 하지만 한편으로는 의심이 들기도 했습니다. 해적을 소탕하는 데 왜 이런 정교한 조직이 필요했을까요? 더구나 청해진에서 원고가 보유한 병력은 정부의 통제가 불가능한 일종의 사병 집단입니다. 군사력의 규모를 보면 원고가 충분히 반역을 계획할 수 있었으리라는 것을 알 수 있습니다.

최훈　　아니, 그건…….

이대로 변호사는 최훈의 당황한 반응에 아랑곳하지 않고 말을 이었다.

왜 장보고를 바다의 왕자라고 부를까?

이대로 변호사 　　여러분 모두가 지금 저처럼 느낄 텐데요, 청해진은 거의 독립적인 국가의 체제를 가지고 있었습니다. 그리고 완도뿐만 아니라 한반도 서남 해안 전체를 관리하던 해상 왕국이었지요. 원고는 처음부터 권력 장악을 목표로 청해진을 건설한 것입니다. 그리고 그것이 다른 사람도 아닌 원고의 부하, 최훈의 증언으로 증명된 것이지요.

　　의기양양한 이대로 변호사와는 달리 최훈은 당황하여 안절부절못했다. 그때 김딴지 변호사가 자리에서 일어섰다.

김딴지 변호사 　　판사님, 이번에는 제가 증인 최훈을 신문하고 싶습니다.

판사 　신문을 허락합니다.

김딴지 변호사 　　증인, 그동안 재판을 준비하면서 원고로부터 증인에 대한 이야기를 많이 들었습니다. 이렇게 상대 측 증인으로 만나게 되다니 증인만큼이나 저도 참 당황스럽군요. 몇 가지 질문을 하겠습니다. 청해진에서 원고와 증인이 활동할 무렵 왕실이 아닌 귀족들은 사병을 소유할 수 없었나요?

최훈 　아닙니다. 그 무렵에는 귀족들도 사병을 소유할 수 있었습니다. 왕권을 놓고 다툼을 벌이다가 패배한 귀족은 지방으로 숨어들어 사병을 키우며 재기를 도모하곤 했지요. 또 지방에서 호족들이 등장하면서 실질적으로 권력을 행사하고 사병을 거느렸어요.

　　왜 장보고를 바다의 왕자라고 부를까?

김딴지 변호사　　사병을 거느리는 것이 귀족들과 호족들에게는 일반적인 일이었다는 말씀이지요?

최훈　　어느 정도는 그렇습니다. 청해진의 경우에도 정부에서 해적을 퇴치하고 서해 바다를 관리할 능력이 없으니까 장보고 대사님에게 전권을 위임한 겁니다. 신라 정부도 청해진이 독자적으로 작전을 벌일 수 있는 군사력을 가지고 있기를 원했습니다. 설사 중앙의 군대가 능력이 있어서 지방까지 파견될 수 있었다고 해도 그건 육지에 해당하는 것이지 바다에는 해당하지 않았습니다. 바다는 독특합니다. 매우 복잡하죠. 즉 바다를 꿰뚫고 있는 전문가가 있어야 한단 말입니다.

김딴지 변호사　　당시 해적들의 활동이 어느 정도로 심각했나요? 귀족도 아닌 원고에게 전권을 위임하면서 군사 1만 명을 내린 걸 보면 해적들에 의한 피해가 컸을 것 같은데요.

최훈　　말도 마십시오. 당시 해적은 국제적인 골칫거리였습니다. 당나라도 일본도 해적들이 많았지만 신라도 해적들이 있었답니다. 헌덕왕 3년인 811년에는 쓰시마 섬 서쪽 바다에서 신라 해적이 나타났고, 2년 후에도 규슈 서쪽에 있는, 일본에서 동중국해로 빠져나가는 길목인 고토 열도의 사가시마에 신라 해적들이 나타났으니까요. 그 규모도 매우 커서 110명 정도의 해적들이 다섯

청해진에 방어용으로 설치했던 통나무로 만든 목책

척의 배에 나눠 타고 활개를 쳤답니다.

김딴지 변호사　　해적으로 인한 피해가 정말 심각했군요. 신라도 마찬가지 상황이었나요?

최훈　　신라의 피해가 가장 심했지요. 나라의 질서가 흔들릴 정도였으니까요. 해적들은 신라 사람을 납치해서 노예로 팔았을 뿐만 아니라 마을에까지 들어와서 민가를 마구 약탈했지요. 하지만 신라 정부는 백성을 보호할 능력이 없었습니다.

김딴지 변호사　　해적을 퇴치하기가 어렵지는 않았나요?

최훈　　쉽지는 않았지만 그렇게 어렵지도 않았습니다. 장보고 대사님이 워낙 바다를 잘 알았거든요. 해적들이 습격하고 매복하는 장소, 심지어는 도주 항로까지 모두 알고 계시더군요. 그리고 청해진의 군인이나 백성은 대부분 어부 출신입니다. 고기를 잡거나 무역을 하러 일본 열도 가까이까지 항해하는 데 익숙한 사람들입니다. 그러니 해적들은 청해진 군대의 상대가 안 되었지요.

김딴지 변호사　　증언 감사합니다. 무능한 신라 정부는 해적을 대신 토벌해 줄 누군가가 필요했습니다. 제 의뢰인인 원고 장보고가 바로 그 역할을 맡았지요. 원고에게는 해적들과 전투를 치를 만한 병력과 군대가 필요했습니다. 원고는 다른 목적 때문이 아니라 해적의 퇴치와 신라의 안정을 위해 체계적으로 청해진을 운영한 것입니다.

　　피고 측 증인으로 나온 최훈이 오히려 원고 장보고에게 유리한 증언을 하자 이대로 변호사와 문성왕은 당황한 듯 보였다.

문성왕   아니, 이 변호사, 그러게 내가 장보고의 부하를 우리 증인으로 신청하는 건 너무 위험하다고 말리지 않았소?

이대로 변호사   저, 저도 상황이 이렇게까지 역전될 줄은 몰랐어요.

그때 장보고가 갑자기 끼어들었다.

장보고   흠흠. 내가 한마디 하겠소. 해적을 무찌를 만한 군대를 키

난공불락
공격하기가 매우 어려워서 쉽게
함락되지 않는다는 뜻입니다.

우기 위해서는 선박을 건조하고 정박시킬 수 있는 항구가 있어야 했고, 또 육지나 해상으로부터 공격해 오는 적을 방어할 수 있는 난공불락의 요새를 찾아내야만 했지요. 내가 청해진을 선택한 것이 바로 그 때문입니다.

판사 아니, 원고, 그렇게 갑자기 끼어들면 안 됩니다. 그런데 청해진이 그렇게 위치가 좋았나요? 나도 좀 궁금해지네요.

이대로 변호사 판사님, 원고가 갑자기 끼어드는 것은 문제가 있습니다.

판사 재판에 상관없는 얘기도 아니고, 청해진이 어떤 곳인지 알기 위해서는 지리적인 조건도 참고해야 한다고 봅니다. 원고는 답변하세요.

장보고 한반도의 서남 해안은 동아시아를 연결하는 다양한 항로들이 한데 모이는 곳이지요. 즉 청해진은 모든 물길과 사람이 몰려들 수밖에 없는 곳입니다. 그 가운데서도 본영이 있었던 완도는 해류나 조류, 바람의 방향 등을 고려할 때 가장 적합한 곳입니다. 게다가 주변에 섬들이 많고 조류가 복잡하기 때문에 외부 세력의 공격을 방어하기에도 유리하지요. 노화도, 보길도, 청산도 등이 올망졸망하게 퍼져 있으니 물길이 얼마나 복잡하겠습니까? 아무나 그 물길을 뚫고 들어올 수 없지요.

김딴지 변호사 맞습니다. 조선 시대에 이순신 장군이 명량(울돌목) 해전에서 전투를 벌여 승리한 것도 바로 이런 물길을 활용한 작전 덕분이었어요.

2

국제 무역의 중심지, 청해진

재판이 원고에게 유리하게 진행되자 다급하게 자료를 뒤지며 대책을 강구하던 이대로 변호사가 갑자기 의기양양한 미소를 지으며 자리에서 일어났다.

이대로 변호사　판사님, 지금까지 원고는 해적을 소탕하기 위해 청해진을 세웠다고 한결같이 주장했습니다. 하지만 원고가 청해진을 세운 진짜 목적은 따로 있었습니다. 바로 국제 무역을 하기 위해서였습니다.

판사　국제 무역이라고요?

이대로 변호사　맞습니다. 원고는 해적을 소탕한다는 명분으로 군사를 기르고 조직을 키워서 결국 장사를 했습니다. 자기 이익을 채

운 것이지요. 그 무렵 원고는 동아시아 바다에서는 국제적으로 유명한 인물 가운데 하나였습니다. 황해, 동중국해, 남해로 이어지는 넓은 바다의 해상권과 무역권을 장악한 인물은 원고밖에 없었지요. 이것이 대단한 일이라는 것은 저도 인정합니다. ▶그러나 원고는 중앙 정부를 무시하고 청해진에서 당나라, 일본과 독자적으로 무역을 했으며, 먼 아라비아 지역과는 간접적으로 무역을 했습니다.

판사   아니, 그 시대에 아라비아와도 무역을 했다는 건가요?

이대로 변호사   더욱 놀랄 만한 사실은 원고가 발해와도 무역을 시도했다는 것입니다. 다들 아시겠지만 발해는 고구려를 계승한 나라이기 때문에 신라와는 대체로 원수 관계에 있었습니다. 220년 동안 한반도에서 남북국으로 공존했는데도 두 차례만 사신이 오갔을 정도였지요. 그런데도 원고는 이런 발해 상인들과 무역을 한 것입니다. 이는 자칫하면 신라를 큰 위험에 빠뜨릴 수도 있는 모험이었습니다. 결국 원고는 신라의 안전을 볼모로 삼고 자신의 부를 늘리는데 급급했던 것입니다.

김딴지 변호사   이의 있습니다. 지금 피고 측 변호인은 원고를 모욕하고 있습니다. 원고가 국제 무역을 한 것은 잇속을 채우기 위해서가 아니었습니다.

판사   그럼 어떤 다른 이유가 있었나요?

김딴지 변호사   원고가 세운 청해진은 무역을 통해 재당 신라인 사회와 깊은 관련을 맺고 있었습니다. 이에 대해 설명하기 위해서 첫째 날 증인으로 나왔던 재당 신라인,

교과서에는

▶ 통일 신라 시대에는 나라에서 주도하는 무역뿐만 아니라 개인이 주도하는 사무역도 발달했습니다. 당나라, 일본과 활발히 무역을 벌였으며, 이슬람 상인까지 울산에 들어와서 무역을 했지요.

나재당을 다시 증인으로 신청합니다.

판사 허락합니다. 증인은 앞으로 나오세요.

김딴지 변호사 다시 나와 주셔서 감사합니다. 다행히 법정에 계셨네요.

나재당 우리 장보고 님 재판인데 당연히 보러 와야죠. 덕분에 이렇게 증인석에도 한 번 더 나오지 않았습니까, 하하.

김딴지 변호사 재당 신라인들은 청해진과 긴밀하게 연결되어 있었지요?

나재당 네. 당나라에 살던 우리들은 골품제가 지배하고 신분 질서가 엄격하게 지켜지던 신라와는 잘 맞지 않았어요. 그래서 당나라에 자리를 잡고 나서도 신라와는 거리를 둔 채 자유롭게 살고 있었습니다. 그러다가 세상 밖으로 눈을 돌려 국제적으로 무역을 하며 활동 범위를 넓혀 갔지요.

김딴지 변호사 그래서 모국인 신라의 상인이나 해양민들과 협조할 필요성이 생겼겠군요?

나재당 맞습니다. 우리는 서서히 국제 무역을 하기 유리한 지역으로 몰려들었어요. 산둥 반도의 석도(적산), 문등(유산포), 연운(숙성촌), 초주, 양쯔 강 유역의 양주와 소주, 저장성의 영파, 황암 등 주로 항구 도시에 정착했습니다. ▶그리고 신라촌이라는 정착촌을 건설했어요.

김딴지 변호사 신라촌이라고요?

나재당 신라 사람들이 사는 마을이란 뜻이지요. 처음에

교과서에는

▶ 신라와 당나라의 무역이 확대되면서 당나라에는 신라인의 거주지인 신라방, 신라촌이 만들어졌습니다. 그리고 신라인을 다스리는 관청인 신라소, 여관인 신라관, 절인 신라원도 세워졌어요.

라이샤워

에드윈 라이샤워는 미국의 언어
학자이자 외교관이에요. 그는
1955년에 일본 승려 엔닌의 일
기를 영어로 번역하면서 '장보고
가 9세기 신라인들의 해상 활동
의 중심축'이었다고 평가했어요.
그리고 장보고를 '해상 상업 제
국의 무역왕'이었다고 썼습니다.

조계지

조계지는 외국인이 자유롭게 무
역을 할 수 있는 지역이에요. 보
통 조계지는 그 나라 법이 효력
이 없는 치외법권 지역이지요.

경제특구

경제적인 면에서 특별히 우대 정
책이 적용되는 지역을 말합니다.

는 작은 촌락 수준이었지만 점점 규모가 커져 나중에는 당나라에서도 함부로 무시하지 못할 정도였지요. 그중에서도 특히 신라방은 자치권도 가지고 있었어요. 당나라의 힘이 제대로 미치지 못하는 일종의 치외법권 지역이었지요. 내가 역사공화국에 와서 공부를 하다 알게 되었는데 라이샤워라는 학자는 이 신라방을 일종의 조계지로 해석했더군요.

당나라에 살았던 신라 사람들의 이야기에 판사도 방청객들도 모두 빠져들었다. 이대로 변호사마저 궁금한 듯 증인의 말에 귀를 기울였다.

나재당   신라방은 지금으로 말하면 일종의 경제특구인 셈이지요. 우리 신라인들뿐만 아니라 페르시아 인들도 이런 거주지를 만들었는데 파사방이라고 불렀어요. 그런데 재미있는 것은 이 도시들 가운데 대부분이 지금 중국이 경제특구 전략을 추진하는 데 중요한 거점 역할을 한다는 것이지요.

김딴지 변호사   재당 신라인들이 국제 무역을 할 때 원고의 청해진이 큰 도움이 되었겠군요.

나재당   그렇고말고요. 장보고 대사님은 당나라에서 지냈던 분이라 우리 처지를 잘 알고 있었고 우리가 무역을 하는 데 여러모로 큰 도움을 주셨지요. 장보고 대사님 덕에 우리는 먹고살 수 있었고 무

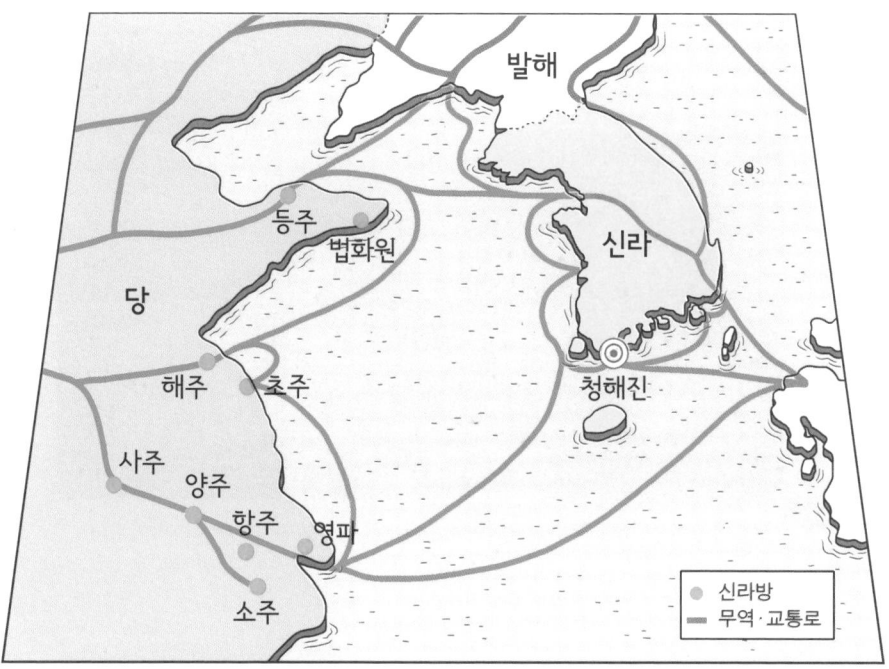

역의 규모도 키울 수 있었습니다. 무역의 규모가 커지면서 우리는 모여서 의논을 했습니다. 어떻게 하면 더 잘살고 돈을 많이 벌 수 있을까 하고요. 그래서 우리는 상인들이나 사신들을 위해 신라관을 짓기도 하고, 신라원 같은 사찰도 지었습니다. ▶장보고 대사님도 산둥 반도의 적산에 법화원을 세워 주셨지요.

김딴지 변호사　　정말 놀라운 일입니다. 살기가 어려워 신라를 떠난 사람들이 당나라 곳곳에서 공동체를 만들어 살

교과서에는

▶ 장보고는 신라 사람이 많이 살던 산둥 반도에 법화원이라는 절을 지어서 이곳을 무역의 거점으로 삼았지요. 신라인들은 법화원에서 친목을 다지기도 하고 정신적 위안을 받기도 했답니다.

장보고가 산둥 반도 적산촌에 세운 법화원의 경내 모습. 1998년 중건되었는데 규모가 크다.

장보고와 신라인들이 출항한 법화원 앞의 석도항

왜 장보고를 바다의 왕자라고 부를까?

아가고 있었으니 말입니다. 그뿐만이 아닙니다. 원고는 그들과 연계하여 국제 무역을 했습니다. 청해진은 국제 무역을 국내 산업과 연결시킬 수 있는 해륙 교통의 요지였던 것이지요. 게다가 청해진은 주변에 생산과 소비, 운송을 담당할 수 있는 강진, 해남과 같은 곳이 있는 풍부한 해양 폴리스였습니다. 원고는 이 장점에 주목하면서 자연스럽게 청해진을 특수한 공간으로 변신시켰습니다. 거기에서 한 걸음 더 나아가 신라인들이 거주하는 해안의 거점 도시들을 유기적으로 연결하였고, 조직적으로 역할 분담을 시키면서 신라 정부와 여러 국적의 민간 상인 조직을 연결시킨 것이지요. 이는 원고 개인의 이익만을 위한 것이 아니라 재당 신라인들의 삶과 신라의 경제에도 영향을 미치는 것이었습니다.

판사   그럼 청해진은 재당 신라인들과만 연결하여 국제 무역을 벌인 게 아닌가요?

김딴지 변호사   그렇습니다. 당시 일본에는 신라인들이 많이 살고 있었어요. 백제인들도 여럿 살았지요. 그 사람들 가운데 일부는 일본의 핵심부인 지금의 오사카, 나라 지역으로 들어가 일본국 건설에 주도적으로 참여했습니다. 그리고 나머지 사람들은 일본 열도 여기저기로 퍼져 나갔는데, 사람들이 가장 많이 모인 곳은 규슈였습니다. 사람들은 아무래도 고향과 가까운 곳에 살고 싶어 했고, 또 언젠가는 고향에 돌아갈 수도 있을 거라는 희망을 버리지 않았기 때문이지요.

폴리스
고대 그리스의 도시 국가를 폴리스라고 부릅니다. 아테네, 스파르타 등이 모두 폴리스, 즉 도시 국가에 해당하지요.

청해진

우리는
청해진의 기둥!

재당 신라인   재일 신라인

판사   그럼 그들을 재일 신라인이라고 부를 수 있겠군요.

나재당   우리 재당 신라인들과 재일 신라인들은 장보고 대사님이 세운 청해진 체제를 떠받든 기둥이었답니다.

불쑥 끼어든 증인 나재당의 말에 판사가 증인석을 보았다.

판사 아, 아직 증인석에 계셨군요. 증인, 당시 원고와 당나라의 무역에 대해 조금 더 자세히 증언해 주시겠어요?

나재당 장보고 대사님은 '대당 매물사'라는 물건 구입자, 즉 수입 상인들을 교관선이라고 부르는 배에 태워 당나라에 파견했어요. 그리고 당나라 제품뿐만 아니라 동남아시아산과 아라비아산의 값비싼 사치품을 수입하여 신라 귀족들에게 팔았지요. 물론 신라의 여러 가지 물품들도 당나라에 수출하였고요.

판사 그럼 신라 정부는 증인처럼 당나라에 사는 신라인이나 일본에 사는 신라인에게 관심을 두었나요?

나재당 아니오. 신라 정부는 우리에게 아무런 관심도 두지 않았어요. 우리가 신라에 살고 있을 때도 관심을 갖지 않았는데, 신라를 떠난 사람들에게 뒤늦게 관심을 쏟을 리가 있나요?

판사 안타까운 일이군요. 뭐, 이만하면 증인에게 들을 이야기는 다 들은 것 같으니 이제 들어가셔도 좋습니다.

증인 나재당이 방청석으로 돌아가서 앉았다. 함께 모여 앉아 있던 다른 재당 신라인들이 증언을 잘했다며 나재당의 어깨를 두드려 주었다. 장내가 정돈된 후 김딴지 변호사가 판사에게 말했다.

김딴지 변호사 판사님, 청해진이 단순히 돈을 벌기 위한 무역만을 한 것은 아닙니다. 당시 청해진은 민간 외교단이라고 해도 지나치지 않을 위치에 있었습니다.

중흥조

불교에서 쇠퇴하던 절이나 종파를 새로 일으켜 세운 승려를 이르는 말입니다.

판사   민간 외교단이라고요? 자세히 말해 보세요.

김딴지 변호사   자세한 이야기는 증인을 불러 듣고 싶습니다.

판사   증인이라면 일본 승려 엔닌을 말하는 건가요? 좋습니다. 증인은 나와서 선서하세요.

엔닌   나 엔닌은 한국사법정에서 진실만을 말할 것을 맹세합니다.

김딴지 변호사   이렇게 나와 주셔서 감사합니다. 간단히 자기소개를 해 주시겠어요?

엔닌   나는 일본의 승려 엔닌이라고 합니다. 한번은 당나라에 갔다가 장보고의 도움으로 천신만고 끝에 일본으로 귀국할 수 있었지요. 장보고에게는 늘 고마운 마음을 가지고 있답니다.

김딴지 변호사   증인 엔닌은 당나라에서 장보고의 배로 일본에 귀국하여 일본 불교 천태종의 중흥조가 된 인물입니다. 증인은 『입당구법순례행기』라는 책을 썼는데, 이 책 덕분에 우리는 장보고가 누구이며 어떤 일을 했는지 알 수 있게 되었습니다. 또한 장보고가 동아시아의 여러 나라 사람들에게 대단히 존경받았던 사람이라는 것도 알게 되었지요. 증인, 당시 신라 정부와 일본의 관계는 어땠나요?

엔닌   당시 신라와 일본은 늘 사이가 안 좋았습니다. 국가 사절단을 파견하는 일도 정지되었는걸요. 그렇다 보니 장보고와 청해진이야말로 고립된 섬나라인 일본을 국제 사회와 연결시켜 주는 중요한 존재였지요.

김딴지 변호사   원고와 일본은 서로 어떻게 무역했나요?

엔닌 ▶장보고는 선단을 거느린 채 일본을 직접 방문했고, 현재 규슈의 후쿠오카 시에 지점을 설치했습니다. 회역사라는 무역선을 보내어 사무역을 했고 심지어 공무역까지 시도하였지요. 『속일본후기』라는 책을 보면 당시 대외 무역을 관장하였던 대재부에서 "신라국 신하인 장보고가 사신을 보내어 신라의 특산물을 올렸다"는 내용을 기록하고 있어요. 여하튼 장보고는 신라 정부와는 관계없이 독자적으로 자기가 운영하는 무역선을 보내 일본과 직접 무역했어요.

김딴지 변호사 대체로 어떤 물건들을 일본에 팔았나요?

엔닌 당나라에서 나온 물건들을 많이 팔았지요. 그뿐만 아니라 페르시아산 담요, 침향(수마트라산 향료) 등 동남아시아와 아라비아의 물건들을 팔았습니다.

김딴지 변호사 신라 물건들은 팔지 않았나요?

엔닌 신라 물품들도 당연히 팔았지요. 품질이 우수해서 일본인들이 정말 좋아했습니다. 그때 일본이 얼마나 수입을 많이 했던지 무역 역조 현상까지 일어났지요.

김딴지 변호사 그럼 일본 정부는 경제적으로 손실을 입었을 텐데, 일본에서 원고의 배가 들어오지 못하게 막지는 않았나요?

엔닌 아니오, 그러지 않았습니다. 일본 정부는 오히려 장보고 선단을 좋아했지요. 그들이 아니면 당나라를 비롯

『속일본후기』
869년에 후지와라 노 요시후사 등이 편찬한 일본의 역사책입니다. 나라 시대와 헤이안 시대에 일본 정부는 여섯 권의 역사책을 펴냈는데, 이 책은 그중 네 번째로 쓰인 책이지요.

무역 역조 현상
한 나라의 수입액이 수출액보다 많을 때 무역 역조 현상이 발생합니다. 즉 다른 나라로부터 물건을 많이 사고 조금밖에 팔지 못하면 적자가 발생하는데 이를 무역 역조 현상이라고 하지요.

교과서에는

▶ 일본 정부는 처음에 신라와 교류하는 것을 금지했지요. 그러나 8세기에 이르러 두 나라 사이의 무역이 점점 발달하여 교류가 활발해졌습니다.

견당사

외국에서 당나라에 보낸 사신을 견당사라고 합니다. 신라에서도 견당사를 보냈고, 일본은 나라 시대와 헤이안 시대에 견당사를 파견했어요.

한 앞선 나라들의 정치, 경제, 문화 소식을 접할 수가 없었거든요. 또 장보고 선단은 장사만 한 것이 아니라 상인, 정치인은 물론이고 우리 승려들도 배를 이용할 수 있도록 해 주었어요.

김딴지 변호사　　그래서 증인도 당나라에서 일본으로 귀국할 수 있었군요.

엔닌　　네. 나는 곳곳에서 재당 신라인들의 도움을 받고 여행을 다녔어요. 그러다가 적산의 법화원에서 머물렀지요. ▶847년 9월 2일에 법화원 근처 항구에서 신라 배를 타고 일본으로 귀국하였습니다. 나뿐만 아니라 839년에는 일본이 파견한 15차 견당사(遣唐使)가 귀국할 때 초주에 있었던 신라 배 아홉 척을 얻어 타고 왔었지요.

김딴지 변호사　　그래서 적산선원을 세우신 건가요?

엔닌　　장보고는 이미 죽었지만 나는 고마움을 잊을 수가 없었어요. 그래서 제자들에게 장보고를 모시는 절을 지어 달라고 유언했지요. 제자들이 잊지 않고 몇 년 후에 절을 세웠다고 하더군요. 적산선원은 지금 교토에 있는데, 장보고를 신라대명신(新羅大明神)으로 모시고 있습니다.

판사　　증언 잘 들었습니다. 피고 측 변호인, 반대 신문을 하겠습니까?

이대로 변호사　　아닙니다. 하지 않겠습니다.

　　재판이 끝날 무렵 장보고에게 유리한 증언들이 쏟아지

교과서에는

▶ 엔닌은 중국을 순례하다가 법화원에서 머물게 되었는데, 이때 법화원은 엔닌에게 일본으로 돌아갈 배를 구해 주었다고 해요. 엔닌은 이때의 고마운 마음을 편지로 전했는데, 이 편지를 통해 당시 장보고의 명성이 국제적으로 높았다는 것을 알 수 있습니다.

왜 장보고를 바다의 왕자라고 부를까?

장보고 덕택에 집에
돌아갈 수 있게 되었구나.

자 이대로 변호사의 얼굴이 어두워졌다. 옆에 앉아 있는 문성왕 또한 초조한지 얼굴 표정이 좋지 않았다.

김딴지 변호사　　판사님, 마지막으로 한 말씀만 드리겠습니다. 원고가 세운 청해진에서 관리나 왕족이 주체가 되지 않은 것은 사실입니

교토에 있는 적산선원(왼쪽)과 적산선원에 보관된 장보고 영정

다. 그러나 그를 뒷받침한 것은 재당 신라인들이었고, 그와 더불어 살아간 사람들은 농민과 상인, 그리고 뱃사람들이었습니다. 백성이 주체가 되고 주인이 되는 청해진이라는 공간이 신라 변방의 해도였다는 것 자체가 신라 사회에 충격을 가져왔을 것은 불 보듯 뻔한 일입니다. 원고의 개인적인 세계관이 어땠는지를 떠나서 결과적으로 원고는 기존의 정치 체제와 신분 질서를 뛰어넘었고, 개혁가로서 새로운 질서가 탄생할 수 있다는 가능성을 보여 주었습니다.

판사 잘 알겠습니다. 시간이 제법 흘렀고 증언과 변론도 그럭저럭 마무리되었으니 이제 잠시 휴식한 후 원고와 피고의 최후 진술을 듣겠습니다.

왜 장보고를 바다의 왕자라고 부를까?

신라인들이 불공을 드리던
법화원

　법화원은 장보고가 당나라에 세운 신라인들을 위한 절이에요. 산둥 반도의
적산촌은 당나라에 있는 신라의 배가 신라를 향해 처음 돛을 올리던 곳이지
요. 법화원에 대한 기록은 일본 승려 엔닌이 쓴 『입당구법순례행기』에 잘 나
와 있어요. 엔닌의 기록에 따르면 839년 11월 16일부터 다음 해인 1월 15일
까지 법회가 계속되었는데, 이 법회에는 매일 40여 명의 신라인들이 모였으
며 강연의 마지막 이틀은 무려 450명이 모였다고 해요.

　당시 법화원에는 법당 외에도 250여 명이 한번에 들어갈 수 있는 강당이
있었고, 스님들도 30여 명이나 있었다고 합니다. 불경을 보관하던 장경각, 식
당과 창고도 갖추어져 있었지요. 그리고 법화원 소유로 1년에 500석을 수확
할 수 있는 논밭이 있어서 그것으로 절을 운영했다고 합니다. 지금도 적산 법
화원의 관음전 벽에는 장보고의 초상이 모셔져 있습니다.

신라방과 신라촌

　당나라로 이주한 신라 사람들은 마을을 이루어 모여서 살았어요. 지금 미국에 사는 한국 사람들이 로스앤젤레스에 코리아타운을 형성해서 모여 사는 것과 마찬가지이지요. 신라 사람들이 모여 살던 마을을 신라방 혹은 신라촌이라고 불렀어요.

　신라방에는 당나라로 이주한 신라 사람 외에도 사신단, 공부하러 당나라에 온 유학생, 불교를 배우러 간 스님 등이 함께 모여서 살았습니다. 원래 중국에서 방(坊)이란 성(城) 안에 있는 구획이니, 신라방이란 신라 사람들이 살던 방을 의미하는 것이지요. 신라방은 주로 바닷가에 있었으며 신라방에 사는 신라 사람들은 국제 무역이나 해운업에 종사했다고 합니다.

　한편 성 밖에도 신라 사람들이 모여 살았는데 이를 신라촌이라고 불렀습니다. 그리고 신라 사람들의 절인 신라원, 신라촌을 다스리던 관청인 신라소, 잠시 당나라에 머무는 사신이나 유학생을 위한 여관의 기능을 하는 신라관 등이 있었답니다.

신라관이 있었던 등주항
(현재 봉래시)